U0933772

大家精要

庄子

商原 著

Zhuangzi

陕西师范大学出版总社

图书代号 SK16N1507

图书在版编目（CIP）数据

庄子 / 商原著. —西安：陕西师范大学出版总社有限公司，2017.5（2024.1重印）

（大家精要）

ISBN 978-7-5613-8880-8

Ⅰ. ①庄…　Ⅱ. ①商…　Ⅲ. ①庄子（前369—前286）—传记　Ⅳ. ①B223.5

中国版本图书馆CIP数据核字（2017）第001789号

庄　子　ZHUANGZI

商　原　著

责任编辑　尹海宏
责任校对　张　佩
封面设计　张潇伊
出版发行　陕西师范大学出版总社
（西安市长安南路199号　邮编 710062）
网　　址　http://www.snupg.com
印　　制　永清县晔盛亚胶印有限公司
开　　本　650 mm × 930 mm　1/16
印　　张　10
字　　数　100千
版　　次　2017年5月第1版
印　　次　2024年1月第2次印刷
书　　号　ISBN 978-7-5613-8880-8
定　　价　45.00元

电话：（029）85303879　　传真：（029）85307864　85303629

目　录

前言：浊世游子之思

在乱世中寻找宁静，在浊世中寻求清新，在世俗中追求道的境界，在困顿中探索生命的意义，在逍遥游中体味心灵的自由，这就是庄子超越的、审美的人生境界。庄子以“道”为“故乡”，“自我放逐”于市井民间，以“游子”的目光思念着“故乡”，写出了“思想的诗”。在纷扰喧嚣的人世间，《庄子》的思想像一泓清泉，闪现着宁静的光辉。

庄子一生再简单不过。庄子，姓庄名周，字子休。这“字子休”还是唐代成玄英、陆德明说的。从唐代起，还给他封了南华真人之类的别号，《庄子》也成了《南华真经》。庄子是战国中期宋国蒙人，与孟子大体同时而稍晚，据司马迁的《史记》说，与梁惠王、齐宣王同时。根据近代学者马叙伦先生的考证，基本上可以断定，庄子生于公元前 369 年，死于公元前 286 年，享年约八十四岁。

《庄子》一书是庄子学派著作的汇编。我们现在看到的《庄子》，是经过西晋学者郭象的手编成的，总共三十三篇，分内篇七、外篇十五、杂篇十一。汉代学者看到的《庄子》，有五十五篇之多。一般认为，内篇是庄子自己的著作，外篇、杂篇是庄子后学的著作。

庄子自觉地将自己从现实世界的中心“放逐”出去，隐身于市井民间，终身不仕，以快其志。据有的学者推测，庄子可能是楚庄公的后裔，庄子的家族要么是吴起变法时被迫迁去的，要么是因躲避射杀楚王尸体带来的“夷宗”之祸而越境迁居宋国蒙地，由养尊处优的贵族落魄为平民家庭。但庄子是有才学之士，先秦诸子中，数庄子学问最渊博，他完全可以有一番世俗的作为。有一则寓言说，楚王欲聘庄子，委以国政，庄子手持钓鱼竿，头也不回地拒绝了来使，还说要游戏于污泥之中以快其志。这则寓言虽然不怎么可信，但这记载却不止一处。还有则寓言说，庄子穿着草鞋、衣服上打着补丁、腰系草绳见过魏王。魏王问他为何如此疲惫，他声称只是贫困而非疲惫，贫困是乏财，疲惫则是乏德。如此倔强，肯定得不到魏王的好感。庄子无法与“浊世”妥协，决意做一个不同流合污的隐士。《史记》说他曾担任过漆园吏的小职务，看来时间也不长，只是寄身糊口而已。

“自我放逐”就意味着选择了贫困。不过，生活的贫困并没有让他低头。监河侯不想借米给他还有一堆托词，庄子毫不客气地揭穿了监河侯假仁假义的嘴脸。宋国的官员曹商出使秦国而得车，向庄子炫耀，庄子讽刺曹商入木三分：秦王有痔，舔痔愈下，得车愈多，有什么可炫耀的！在他看来，当世之人，处于昏上乱相之间，祸福无常，死者如枯草一般遍地皆是，能躲过死亡，就像躲过神射手后羿的靶心一样，纯属侥幸而已。贫困而傲岸不羁，乱世中真是不易！

庄子“自我放逐”，却幸亏有惠子这样的“知音”而不至于寂寞。他们二人辩论过有用无用、有情无情、鱼之乐等问题，无奈二人的思路差别太大，又成为名副其实的“论敌”。他们的辩论有时很难说谁对谁错，在后人编的《庄子》一书中，肯定对惠子的批评要多一些。以濠梁之辩而论，庄子以审美的眼光，看到鱼儿出游从容，惠子以理智的眼光表示质疑，可谓见仁见智了。有则寓言故事说，惠子听到庄子想取代他的相位的传言，就搜捕庄子三日。惠子死后，庄子却前去送葬，感慨万端，发出了失去知音之叹。

游于民间的庄子，也讲学授徒。《山木》篇（以下称某篇者，皆指《庄子》中的文章）记载庄子与学生行于山中，见大木、宿于故人之家，引发了材与不材的讨论；《列御寇》篇说庄子死前，学生想厚葬他，庄子提出了以天地为棺椁的议论。庄子的学生只有蔺且一个人留下姓名，这是令人沮丧的，难怪有人直接将《庄子》认定为庄子本人的作品，或者强调是庄子不同时期的作品。庄子学派的传承我们今天就更无法明白了。

庄子超脱于世俗，也超越于生死。在庄子看来，生死如昼夜；生若浮，死若休，生死是一个自然过程。《至乐》篇有则有名的寓言说，庄子妻死鼓盆而歌。为什么会这样呢？试想：庄子之妻，跟着庄子一生困苦，死何尝不是一种解脱。庄子以为人来自自然而归于自然，返本归真而得到休息。这则寓言，就像曹雪芹说的：满纸荒唐言，一把辛酸泪！这是庄子的“黑色幽默”。

如何看庄子其人、《庄子》其书？我有一句简短的话：庄子是浊世游子，《庄子》是浊世游子的故乡之思。“浊世”是《庄子》自己说的，“游子”“故乡”是闻一多先生说的。我顺着他们的思路，就理解成浊世游子的故乡之思了。

庄子一生，没有去过几个地方，基本上都在家乡。《田子方》篇说他见鲁哀公，《说剑》篇说他见赵王，这一看就是寓言，是不可信的。如此来看，庄子一生都未远游，为什么要说《庄子》的主题是游子之思呢？这是比喻性的说法。形象地说，庄子“生活在别处”。庄子经历了人生的变迁，世态的无常让他与现实世界之间形成了不可调和的紧张关系。他否定现实世界的功名利禄、富贵荣华，愤世而嫉俗，为自己营造了一个空前绝后的、博大的精神世界，与现实世界保持着超脱的距离。因此，闻一多说，庄子的著述，与其说是哲学，毋宁说是客中思家的哀呼；与其说是追求真理，毋宁说是眺望故乡，咀嚼旧梦。生当“浊世”，又能怎样？庄子是个最为认真的人，难得糊涂，与“浊世”绝不妥协。他“自我放逐”，“生活在别处”，逍遥于一个充满诗意的精神世界，为自己找到了一个安身立命之所。当然，这只是想象中的。人能生活于想象中吗？也能也不能。谁不生活于想象之中？谁又能永远生活于想象之中？庄子的确长期生活于想象之中。他成了世俗世界“无家可归”、向理想世界不断寻找家园的“游子”；庄子的一生，是“游子”的一生。他“冷眼”观望潮起潮落，“热心”谈说风云变幻。“上穷碧落下黄泉，两处茫茫皆不见。”不过，这没有关系。庄子的思想因为“寻找”而光芒四射。

庄子的“故乡”，是“道”的境界。庄子的“道”，与其说是宇宙的本源、本根，不如说是一种本体境界。庄子认为“道在屎溺”“道无往而不在”。“道”不可言，却可以通过外物、心斋、坐忘体“道”。“道”使庄子的理想世界获得了基石。庄子以齐物论超越了世俗差别。他认为：“以道观之，物无贵贱。”泰山为小而秋毫为大，万物生灭之间，没有根本上差别；是非之间，更没有严格的界限。执着于大小是非，以“成心”处世，必然为物所役，忘记了真正的自己，而不能随物变化，返归“故乡”。庄子达生死，化解生命的困境。他认为人生如梦，不过世间过客；生死不过是气之聚散，如昼夜的变化，生与死本为气的聚散过程而已。《庄子》中的寓言，超越了世俗的悦生恶死之见，以死为“南面王乐”“临尸而歌”，以死生为一。《庄子》是诗，它追求“大音希声”“大象无形”及化臭腐为神奇之美，向往“无何有之乡”“明王之治”“至德之世”，标榜真知、真性、真人。《庄子》以否定性态度观世，“冷眼热心”，道是无情却有情，写出了诗篇般的寓言。以审美的眼光体会《庄子》，或许更有意思。

庄子的故乡之思，让他一生寂寞，汉代几乎未引起人们的注意，博学如桓谭者，还未读过《庄子》。但是，到了另一个乱世三国魏晋时期，一下子有向秀、郭象、司马彪、李颐等都为《庄子》做注；《庄子》与《老子》《周易》成为“三玄”，供魏晋清谈之士谈玄说虚了。有人夸张地说，三天不读《庄子》，只觉舌根发硬。《庄子》一下成为思想学术界的中心。从此以后，庄子屡次荣膺帝王的尊封、道教的崇奉、知识分子的倾心。他蔑视名，《庄子》一书却为他赢得了万世不灭之名，远超出了中国，从东方的日本、韩国、新加坡到西方的德国、法国、英国、美国、加拿大等等，吸引了无数的目光。这可能是庄子生前没有想到的吧！

第 1 章

庄子的乱世人生

庄子生活在战国乱世，感受着政治的黑暗、战争的痛苦、社会的险恶、诸子的纷争，自我放逐于市井民间，冷眼旁观着世间的风云变幻，以寓言评说宇宙人生，以平淡的人生谱写出了千古绝唱。

一、游离于乱世

“触蛮相争”

庄子生活于战国“七雄争霸”的乱世，处于昏上乱相之间，用《人间世》篇的话说，福轻于羽毛，祸重于大地。战国“七雄”中，有四个是经过政权更迭，由原来的卿大夫篡夺诸侯国君的政权而成为新的侯国的，即“田氏代齐”后的齐国和“三家分晋”后的韩、魏、赵三国。这就是《胠箧》篇所痛斥的：“彼窃钩者诛，窃国者侯，诸侯之门，而仁义存焉!”所谓的圣人和仁义，不过是替这些“窃国者”粉饰盗窃行为而已。传统的礼乐文明，受到空前的挑战；儒墨的仁义礼乐，被战国窃、夺的现实撕得粉碎。诸侯国为罪恶的贪欲和权力欲所驱使，民众成为他们争霸的工具，被驱赶到“耕”“战”的道路上，不是生产粮食，就是上前线打仗。难怪《庄子》痛切地说，人人都处于神射手后羿的靶心，难有逃脱的幸运。这不是“祸重于地”吗？一句话，战国无“义”战。

庄子的时代，“七雄争霸”将要全面展开而接近高潮。就战国形势来看，齐国在东，秦国在西，楚国在南，赵国在北，燕国在东北，魏（梁）、韩在中间；“七雄”瓜分了几乎所有的土地，形成无处不战的形势。“春秋五霸”发动战争的主要目的，在于战败其他国家，取得周天子的承认，成为列国的霸主而多收取贡赋；“战国七雄”的目的已不是当周天子认可的霸主，而是如何保存自己，消灭敌人，攻城夺地，扩大领土，最后实现天下的统一。“七雄”为生存而战，空前惨烈。《则阳》篇讲了一则“触蛮相争”的寓言故事：蜗牛的左角有个国家名叫触氏，蜗牛的右角有个国家名叫蛮氏，经常因为土地争端而发动战争，动辄死亡上万人，军队经常赶杀逃兵败将，一追就是半个月。蜗牛的左右角尚且如此，更何况其他！这则寓言，将战国“七雄”争城以战、伏尸百万，争地以战、杀人盈野的惨烈和盘托出。暴力战争带来的是死亡，也有大浪淘沙，还有庄子充满悲剧诗意的思想。《庄子》一书，以寓言的形式描绘了这一惨烈的现实。

“七雄争霸”的不断升级，与战国中期的社会变化直接相关。铁器的广泛使用，牛耕的采用，生产力水平大大提高，各国人口不断增加，整个社会呈现出人丁兴旺的景象。原先偏远的地区如齐、楚、燕等，一跃而成为强国。鲁国“初税亩”实行以后，承认了土地的私有，荒地得到全面开垦，可耕地面积迅速扩大；魏国的李悝实行“尽地力之教”；秦国商鞅实行废井田、开阡陌；边远的楚国任用吴起变法。其他国家也在不同程度上进行改革，出现了私田兴盛于公田、私门强于公室的现象。经济社会达到空前的解放，社会从依附于贵族向依附于土地转变。“七雄争霸”到了“得士则昌，失士则亡”的关键时刻。战争对人才的需求，使士阶层也从“士有定主”转变到“士无定主”状态。战国时期，养士之风大胜；士阶层也进入了“被养”的阶段。

庄子不愿成为被供养的对象，厌恶这种唯利是图的关系，更不愿成为“七雄争霸”战争的工具。按照《秋水》篇寓言的记载，他断然拒绝了楚王之聘，宁愿像乌龟一样于污泥浊水中活着，也不愿“留骨而贵”，被供养起来。于是，庄子终身不仕，以快其志。

士无定主

庄子生活于“士无定主”的时代。《庄子》中的许多隐士，饥肠辘辘，有的甚至快被饿死。庄子宁借债、编织为生，也不愿出仕，饱尝了贫困之苦，目睹了乱世之害。

战国时期，士阶层经历了大飞跃，由“士有定主”转变到了“士无定主”，从“士”与“主”之间的依附关系转向雇佣关系或利益关系。士阶层的道德，受到了空前的挑战，士阶层也发生了迅速的分化。春秋中期以前，士为一定的贵族服务，有一定的忠诚义务，也有固定的身份关系。战国中期，士阶层向不固定的诸侯服务，却不可能忠于某一诸侯，这种既依赖又有选择的二重性，使士阶层的分化成为现实。这叫良禽择木而栖，良士择主而事。借用英国法学家梅因的话说，叫“从身份到契约”的转变。

战国时期，“养士”之风兴盛。从战国初期的赵襄子、魏文侯，到以后的赵惠文王、燕昭王、秦相吕不韦、燕太子丹，门下都收养着数千门客；齐国的孟尝君田文，赵国的平原君赵胜，楚国的春申君黄歇和魏国的信陵君无忌，即所谓“战国四公子”，各养士三千以上。按照范文澜先生的说法，当时的

“士”可分为四大类。第一类为学士，如儒、墨、道、名、法、农等专门家。他们著书立说，提出各种政治主张，名声显赫。第二类为策士，即纵横家。这一类人长于政论，富有才能，凭口舌辩说，得大官取富贵。苏秦、张仪是其代表。第三类为方士（或术士），这一类人可分为两等：一等是天文、历法、地理、医药、农业、技艺等专门家，在文化上也有巨大的贡献；一等是阴阳、卜筮、占梦、神仙、房中术等骗取衣食的游客。四类为食客，这一类人数量最大，流品最杂，其中包括鸡鸣、狗盗、任侠、奸人、罪犯、赌徒、屠夫、刺客等等。诸侯贵族通过养士，大量集中人才，迅速抬高声誉，壮大政治力量，称霸诸侯，形成了“士无常君，国无定臣”的局面。

学士有自己的立场和节操。但是，除道家、农家以外，其他家都与诸侯君主合作，参与到争霸战争中，成为“七雄争霸”战争的工具，摆脱不了“被养”的命运。法家与诸侯宫廷走得最近，多是注重实际、精明强干之士，推动各国变法图强。像李悝、商鞅、吴起，他们都干出了一番轰轰烈烈的大事业；韩非子也以其冷峻的文章为秦始皇所关注。法家的许多人物，其生也轰轰烈烈，其死也悲壮惨烈。儒家人物以仁义立世，游走于诸侯之间，一心想着维持一个礼乐道德的秩序。墨家是一个类似宗教的团体，有铁一般的纪律，以兼爱为己任，常挽狂澜于既倒，成了社会的侠义力量。但墨家太过辛苦，勇于死难，非常人所为。至于名家，虽然也有抱负，但游心于名辩之间，只能满足统治者的好奇心了。阴阳家是后起的，顺应了诸侯国君的帝王梦和神仙迷信。

庄子生活的时代，虽然还没有如此热闹，但已士风日下。庄子决意不去凑这些热闹，而隐身于市井乡野，过着贫困的生活，清静以自守。

离“家”出走

道家特别是庄子，为什么坚决拒绝与统治者合作，能仕而不仕，主动处于边缘化地位而隐居呢？这一问题的答案是多方面的，除了我们看到的对日益败坏的士风不满以外，那就是从内心对精神的重负进行超越，离开宗法之“家”即“家族”，过着自食其力的生活，追求心灵的宁静与自由。《庄子》一书，给予我们一个隐逸的世界。隐逸之士在《庄子》中不是以个人形象出现的，而是一个社群，他们之间甚至可以形成有一定秩序的隐逸社会。从《逍遥游》到《让王》《列御寇》《天下》，几乎每一篇都有隐士的形象或影子。隐逸的世界是离“家”出走的世界。

中国古代社会是“早熟的儿童”（马克思的说法）。它依靠氏族群体的力量，在“平土治水”即治理黄河泛滥中，在没有铁器的条件下，进入了文明社会。这种“东方道路”将氏族体制带入文明社会，“家族”成为社会的基本单位，与古希腊的个体家庭根本不同。家国同构，“家天下”成为社会的重要特征。士阶层处于宗法制度的下层，依附于贵族而生存。士是某一“家”的人，而永远不是自己。“家”中之累，到巴金的《家》《春》《秋》中依然存在。《至乐》篇中，骷髅宁愿死而享受“南面王乐”，而不愿回到亲戚、邻里、熟人之中，明确地表达了对“家”中之累的厌恶。

战国时期，士阶层迅速增长，出现“士无定主”的局面，为士阶层走出“家”提供了机会。但是，士阶层面临着各种限制。孟子说：“民无恒产，必无恒心。”民众没有了固定的产业和营生，靠什么安心生活？但是，孟子看到：“无恒产而有恒心者，惟士为能。”为什么？原来，士与高级贵族之间，本来就有一定的宗法血缘关系，有一定的忠诚义务，是有“家”

（家族）可归的人。士虽没有“恒产”，却有“恒心”。现在，“士无定主”，却可以为所有的诸侯贵族服务，“家”由具体的某“家”变成了任何一“家”。在此意义上说，士阶层与过去的服务关系有了新的变化，但还是没有脱离“家”而生存。当然，现在的“家”已经是宗法制动摇以后的“家”，雇佣关系不断变化。但是，总体上看，体制内的士阶层，仍然没有从根本上走出“家”而独立，战国时期，却进而处于“被养”的地位，对称霸战争起着推波助澜的作用。

隐士离“家”出走，经历了外在和内在解放两方面的努力。“初税亩”制度实行以后，承认了土地私有，开垦私田成为现实。一部分士，离开自己的“家族”，过起了自耕农的生活，隐居于乡野山间。《论语》中的长沮、桀溺耦而耕，就是最典型的例子。他们所耕种的，是偏远的土地，子路走迷了路才碰上他们。这种离“家”，获得的是“外在的解放”。士本来就有忠于贵族的义务，“仕”即服务于贵族。《论语》中的荷蓧丈人，留宿子路，还向儿子引见子路，注重长幼之节。子路以为，既重长幼之节，为什么不重君臣之义？“不仕无义。”隐居是追求个人之“志”，出仕是践行君臣之“义”。“志”与“义”之间的选择，就是离“家”与不离“家”的选择。道家隐士，决心离“家”，放弃了“义”以快其“志”。这是一种生存勇气，是内在的解放。

庄子经过外在的解放，也实现了内在的解放，隐身于民间，追求逍遥而游世。

二、身世之谜

庄子的身世是个谜。庄子的身世，几乎让人无从谈起。这谜一样的人生，反而增添了庄子的神秘色彩。

故里之争

司马迁《史记》里的《老子韩非列传》说："庄子者，蒙人也，名周。周尝为蒙漆园吏，与梁惠王、齐宣王同时。"这段记载告诉我们，庄子是战国中期蒙人。但是，庄子是哪个国家的人？这却没有说明。汉代学者刘向、班固、高诱、张衡等以为蒙是宋国的地名，故认为庄子是宋国人。蒙在汉代属梁国，唐代学者多称庄子为梁国人。汉代人说庄子是宋国人，唐代学者说庄子是梁国人，这实际上是对同一地方的不同称呼，并没有什么差别。自宋代起，学者开始认为庄子是楚国人。《太平寰宇记》中说，楚有蒙县，为庄子故里。朱熹根据《庄子》一书的思想特点和文字风格，断定庄子为楚国人。

但是，蒙在什么地方？这个问题争议太多。传统的说法一是今安徽蒙城，二是今河南省商丘市东北即今民权县，三是山东，有曹县、冠县、东明县的不同说法。争议如此之大，主要还是缺乏足够的资料证明。我们选取安徽蒙城说，做一些必要的介绍。

《史记》载庄子为"蒙"人，《汉书》列"蒙县"于"梁国"。这里的"蒙"究竟在何处？庄子故里之"蒙"以及"漆园"又是什么地方？孙以楷等先生有关于庄子故里为安徽蒙城之说。现在的安徽蒙城，世称"山桑，北冢，古漆园"，改名蒙城虽始自唐代天宝年间，但蒙城之"蒙"由来已久。南朝宋罗泌《路史》说：盘庚自奄迁于北冢；北冢，蒙也。清代《颍州府志》："漆园城，在县河北三里，即旧蒙城；庄子为漆园吏在此。"宋代学者朱熹考证说："今亳州明道宫乃老子所生之地。庄子生于蒙，在淮西间。"在朱熹看来，庄子乃楚国蒙地人。"淮西"指皖北、豫东、淮河北岸一带，为淮河流域，安徽蒙城属楚，也正处于这个位置。苏轼曾经为安徽蒙城在宋朝时所建的庄子祠堂写过碑记，也就是著名的《庄子祠堂记》。王安石写过一首《蒙城清燕堂》，其中最著名的四句是“清燕新碑得自蒙，行吟如到此堂中。吏无田甲当时气，民有庄周后世风。”《庄子》的《秋水》篇有则寓言说：“庄子钓于濮水。”“濮水”就是《水经注》中所说的“沙河”，即现今的芡河，在安徽省涡阳、蒙城一带。由此可以证明，庄子为现今的安徽蒙城人。

唐代比较流行的说法则是庄子出生地在山东。诗人李白居东鲁，曾有诗说：“自居漆园地，久别咸阳西。”这说明唐代有人将山东漆园作为庄子故地。李泰等著的《括地志・冤朐县》说：“漆园故城在曹州冤朐县北十七里，庄周为漆园吏，即此。”张守节在《史记正义》中也援引了这一记载，并说：“其地古属蒙县。”据考，此地为今山东东明县。唐代李吉甫所编《元和郡县图志》说：“宋州小蒙故城，县北二十二里，即庄周之故里。”此即指山东曹县。冠县境内古代有蒙县，故也有学者认为庄子故里为冠县。

这五种说法分歧太大，没有基本的证据能断定庄子故里。于是，有人认为不必要争论庄子的故里问题，权且将“蒙”当成一个安徽、河南、山东的一个大的区域。当然，此说更没有什么意义。

身世推测

庄子的生卒年月，目前流行的说法，是近代学者马叙伦的考证，约公元前 369 至前 286 年，可能活了八十四岁左右。但这只是根据一些只言片语进行的一种可能的推测，不能看作像现代人这样的准确出生年月。

我们从《庄子》一书的楚语、楚风来看，可以猜测一下他的身世。先看第一种可能。公元前 382 年，“战国七雄”中的楚国任用吴起变法。楚国开国之初，是一片落后的蛮荒之地，由于自然条件优越，气候温润，山川秀丽，很快发展了起来。吴起变法前，楚国公族众多，财政匮乏，“贫国弱兵”，不堪重负，社会矛盾丛生。楚悼王时吴起从魏国来到楚国，倡导变法，被楚悼王委以重任。他力主“捐不急之官，废公族疏远者，以抚养战斗之士”。具体来说，就是要把那些领俸禄不干事的闲官、散官裁汰一批，实行“减政”；将贵族的三代以下闲散子孙统统贬为庶民，让他们自食其力，然后用节省下来的财政收入养精兵以与中原各诸侯国争雄。为了使被贬为庶民的贵族后裔不致联合作乱，吴起下令让“贵人往实广虚之地”，也就是将他们疏散到边陲地区，让他们开荒种地，过自食其力的平民生活。庄氏是“楚庄王之后，以谥为氏”。楚庄王公元前 613 年即位，卒于公元前 591 年。从前 591 年到前 387 年吴起变法已有二百余年，三十年为一代，到庄子父祖辈上，早已过了三代，所以无疑是被贬谪的对象。还有另一种可能。楚悼王公元前 381 年逝世，吴起失去了王权的庇护，被他打击的达官贵人立即联合起来，攻打王宫追杀吴起。吴起抱住悼王的尸体被乱箭射死，那些参与作乱的显贵们却因此而犯了伤害王尸的“夷宗”大罪，继位的楚肃王因此而诛灭“七十余家”。庄子的父祖辈大概就是这时为避“夷宗”之祸而越境迁居宋国蒙地的。据推测，庄周在楚国公族作乱十二年后即公元前 369 年出生于宋国。一个养尊处优的贵族一下子落泊为平民，流亡异国，自食其力，必然是一个相当难以适应的艰难过程。由此可以猜想，庄子的幼年时代生活在一种动荡、忧患的环境气氛中，物质生活匮乏，精神压力沉重。庄子追求超脱世俗、逍遥于天地之间而心意自得的浪漫想象，也掩藏不住心中的贵族没落感。庄子的反传统、反异化、非理性的态度，可能与这种出身有一定关系。

老庄的思想渊源是在淮河流域。淮河流域的蒙亳地区，原为商汤故里。考古学家在蒙城的坛城发现了商时的陶器。商亡，周分封诸侯，商之后裔被留在了蒙亳地区，即今蒙城所在的地域。这是商后裔所在地。庄子长于此地，其思想风格，可能与殷商文化有一定的关系。

三、寓言中的生平

生活贫困

司马迁的《史记》说“周尝为蒙漆园吏”。“漆园”向来有两种解释：一种是说，“漆园”是古代一地名，庄子曾为吏于此。一种指庄子曾为吏于蒙，主持督办采集漆胶、制作漆器之事。看来，后一说更有内容一些。那么，“漆园吏”是什么样的职位？当然是很小的职务了。按照后来的解释，“吏”不是主事的“官”，而是办事人员。那就更小了。不过，近年来，学术界许多学者争论说，蒙地盛产漆树，漆园是一份很大的产业，漆园吏当为肥缺。此说也许有一定根据，但与庄子的潦倒相似乎沾不上边。看来，庄子在此位置上也没有干多长时间。不过，这是一个与技艺直接相关的工作，庄子熟悉各种工艺技术，也许与担任这一职务有关系吧。

庄子一生贫困。据《列御寇》记载，庄子“处穷闾阨巷，困窘织履，槁项黄馘”，就是说他住在贫民窟，生活贫苦，面黄肌瘦，靠编织草鞋等勉强维持生活。有时生活难以为继，只好靠借债度日。据《外物》篇记载，庄子因为家境贫困，而去向管理河道的一个小官借米。这个小官为富不仁，装模作样地说：“好啊！等我年终收齐了我封邑内的租赋之后，一定借给您很多钱，可以吗？”庄子听后，辛辣地嘲讽道：“我在来这里的路上，正低头走着，忽然听到有人在半路上喊我。我寻声望去，发现是一条小鲫鱼正躺在干涸的车辙中紧张地喘息。我问：‘鲫鱼，你怎么了？’它回答说：‘我是东海龙宫的水官，您能用斗升之水救活我吗？’我告诉鲫鱼说：‘好啊！我正要南游吴国和越国，等我到了那里后，带很多的水来迎接您，可以吗？’鲫鱼听后，愤然叫道：‘我失去了我赖以活命的水，还能在哪里容身呢？我只需斗升之水，就可活命，您却不肯施舍，等您从吴国和越国回来，就到干鱼市场上去找我吧！’”庄子一番话，说得那个小官面红耳赤，无言以对。

《至乐》篇中庄子妻死鼓盆而歌的寓言，写出了庄子穷困至极的心态。在一个没有生活阅历的人看来，这似乎是一种怪异行为。但是，庄子表达的不单是所谓的生死之理，更是一种人生多艰的体验：妻子一生，“长子老身”，妻子先死，庄子岂能无动于衷？所以，“是其始死也，我独何能无慨然？”庄子想起妻子跟随自己清苦一生，心中哀伤至极。早知来到人世间这么苦，还不如不要来。唉，你本来就没有生命，而且无人之形，也没有属于你的气，你不过是大道在恍惚之间偶然形成、变化而为人的。现在你死了，又回到了你的本来状态，安息于天地之间。与其在人世间受苦，不如在天地间休息！我应该为你高兴！庄子这种“正言若反”的“鼓盆而歌”，抒发了胸中无限的感慨和哀伤。一个一生荣华之人，是不会有这种感伤的，只有饱尝了人生艰辛和世事沧桑的隐逸之人，才会有这种独特的“节哀顺变”方式。

中国有句古语，“人穷志短，马瘦毛长”。贫穷的生活常常会压垮许多人，将人的青春和理想，消磨于无形。庄子穿着粗布衣服见魏王，并不认为贫穷是什么丢人的事情，倒是担心精神上的贫穷会给人带来精神上的萎靡。身处穷困坎坷之境，却能够自得其乐。这正是其难能可贵之处。

终身不仕

按照当时的说法，“出仕”显然不是指当什么漆园吏，而是为官于诸侯国。如此可以说，庄子终生不仕。《史记》记载了庄子拒绝楚王之聘的故事。楚王听说庄子才学很高，就派人带上厚礼，请他去楚国做国相。庄子面对高官厚禄丝毫不动心，说：“千金，真是一大笔钱；卿相，又是多么尊贵的地位呀！可是你就没看见过祭祀时用的牛吗？人们用很好的食物来喂养它好几年，然后给他披上美丽的有花纹的锦绣，牵进太庙去充当祭品。到了这个时候，它就是想当个小猪，以免受到宰割，也办不到了。你们走吧，我不会到楚国去为官的。”使者听了，劝他说：“先生，您再想一想吧，这可是多少人梦寐以求的官位啊！”庄子不耐烦地摇摇头说 ：“你们还是赶快走吧，不要污辱了我。我宁愿像乌龟一样在池塘里自寻快乐，也不愿意受一国之君主的约束。我不做官，是要让我心中永远地自由快乐。”《庄子》的《秋水》篇中有大体相近的版本，只是将牛换成了神龟。

庄子不仕，从根本上说，是和他“粪土当年万户侯”的心理直接相关的。《山木》篇记载他见到魏王时，不卑不亢，声明说：我只不过是生不逢时罢了。您没见过那些猿猴？它们在林间树枝上跳来跳去悠然自得，即使神射手羿和逢蒙也拿它没有办法。一旦进入灌木丛，它们就会吓得东张西望，战战兢兢；这并不是它的骨骼肌肉出了毛病，而是环境不利，不能施展它们攀枝腾跃的技能了。现在这个社会，昏君在上，乱臣在下，像我这样的人不得不疲惫。您难道没听说过忠臣比干由于其忠诚而被殷纣王把心挖出来吗？庄子之言，真是人穷志不短。

《列御寇》篇记载，宋国有个人名叫曹商，他以宋国使臣身份出使秦国，出使时带了几辆车，由于秦王喜欢他，又送了他一百辆车。曹商回来后向庄子夸耀说："要说在穷巷破屋里打草鞋，整天把自己弄得面黄肌瘦的，那我不如你。但是如果说一见君王的面，就可以让他十分赏识，赐车百乘，这是我的长处。"庄子说，"听说秦王有病请医生，治好一个疮赏一辆车，为秦王舐痔疮的赏五辆车，手段越下流，得的赏赐越多。你大概是为秦王舐痔疮了吧！"庄子辛辣的讽刺，可谓入木三分。同一篇中还有一个大体相近的故事。有人拜见宋王，宋王送他十辆车子，于是他向庄子夸耀起来。庄子说："河边有户靠编芦苇生活的人家，他的儿子潜入深渊，得到了千金的珠子。他的父亲对儿子说：'拿石头来砸碎它。这千金珠子，一定是在九重深渊骊龙颔下。你能得到它，一定是它在睡觉。等它醒来，你就会被一口吞下了。'现在宋国之深，不下于九重的深渊；宋王的凶猛，不下于骊龙。你能够得到车子，一定是正赶上他打盹的时候。等宋王醒来，你就粉身碎骨了！"庄子对自鸣得意者的愚蠢是深恶痛绝的。

战国之时，读书人多数都出仕为官了。庄子却忍饥挨饿，隐身于穷巷之间，成就了逍遥自得的心境。

讲学授徒

庄子一生，隐迹于市井之间，也过着授徒讲学的生活，既没有惠子的权势，也没有孟子的显赫，只有贫穷和思考。《庄子》一书中，有三处记录了他的讲学授徒生活。

《山木》篇记下了一则故事。庄子行于山中，见到一棵大树，枝叶繁茂，伐木者只顾打量别的树。庄子问其故，伐木者回答说："没有用处。"庄子对弟子说："这棵树因其不材而得以保全。"庄子出山后，到一个老朋友家借宿。朋友很高兴，吩咐童仆做饭，说："快去杀鹅，准备招待贵宾。"过了一小会儿，童仆又回来了，问主人说："有两只鹅在那儿，一只能打鸣，一只不能打鸣。请问杀哪一只？"主人说："那就杀那只不会打鸣的吧。"第二天，庄周告别了朋友。在回去的路上，弟子问庄子："先生，昨天山中的大树，因为它的木材无用而能够生长到老，主人家的鹅却因为不材而被宰杀。请问先生，在这二者之间，您究竟是希望自己成材，还是希望不成材呢？"庄子想了想，笑着说："我告诉你，我庄周将处在成材与不成材之间。"稍停，庄子严肃地说："成材与不成材之间，好像与大道相似，实际上不是这样的，仍不免于要受到一些牵累。你们要记住，只有进入道的境界，懂得浮游于万物之间，才能更好地立足于这个世界上。"

也是《山木》篇中，记下了庄子的另一则故事。庄子到雕陵的栗园中游玩，看到一只怪异的鸟鹊从南面飞来，翅膀有七尺宽，眼睛有一寸大，碰到庄子的额角而停在栗树林中。庄周感到很奇怪："这是什么鸟呀？翅膀大却不能远飞，眼睛大却目光迟钝。"于是，就跟在后面，用弹弓瞄准它。这时，一只蝉正得意地在树荫下乘凉，被一只螳螂用树叶做掩护而逮到，螳螂正有所得而暗自高兴时，却被后面的异鹊所捉到。庄子感叹着想："这都是见利而忘了性命。"于是扔下弹弓回头就走，管理园子的人以为他偷栗子，追着在后边骂起来了。庄子回到家里，三天都不高兴。他的学生蔺且问他："先生最近为什么总是不高兴呢？"庄子说："我为了守住形体而忘了自己。观看污水却被清渊给迷惑了。我听先生说：'要入乡随俗。'我到雕陵玩而忘记了自身，异鹊碰到了我的额角飞到林子里却忘了真性，管园的人辱责我，所以感到不快。"在庄子看来，螳螂捕蝉，异鹊在后；异鹊忘形，执弹者在后；执弹者忘身，遭管园者斥责……在世间天网中，相互以利相累，忘掉了自己的本性，潜伏着无尽的危机和凶险。庄子告诫弟子，要从这种关系网中跳出身来，守住自身的“真性”。

庄子临终时，还有弟子在身旁。《列御寇》篇记了此事。庄子快要死的时候，弟子们要厚葬他。庄子说：“我用天地做棺椁，日月做双璧，星辰做珠玑。我的葬礼还不够吗？还有什么比这更好的！”弟子说：“我们怕乌鸦老鹰吃了你。”庄子说：“露天让乌鸦吃，土埋被蚂蚁吃，从乌鸦嘴里抢来给蚂蚁吃，怎么这么偏心呢？”这是庄子式的“黑色幽默”。

与惠子为友

庄子的朋友不多。见于《庄子》一书中者，除了《山木》篇提到的山中友人外，就是惠子。惠子与庄子，既是朋友，也是论敌，二人处处辩论不休，庄子还是将他当成知音。

庄子一生中，惠子的确为知音。惠子名施，是当时有名的政治家、外交家，还是名家“合同异”派的代表人物。他在魏国先后当了十二年宰相，实际掌权近二十年，帮助魏惠王进行变法图强，算是当时一位政治风云人物。惠施年长于庄子，大约于公元前 314 至前 310 年之间去世。庄子前去送葬吊唁，从惠施墓前经过时，曾对同行的人说：“楚国郢都有两个人，一人把蝇翅大小的一点灰泥涂在鼻尖上，另一人抡斧去砍削，斧头运行如风般地砍将下来，‘噌’的一声，灰泥削得干干净净，鼻子却毫无损伤。二人从容不迫，面不改色心不跳。宋元君听说后，就把抡斧匠人召来让他表演一番，匠人说：‘我原来是有这么个绝招，不过，我的伙伴早就死了。’自从惠子死后，我也像匠人一样失去了辩论的对手，我怕再也找不到一个能理解我的人来和我说说话了。”中国古代有伯牙善鼓琴与钟子期善听而成知音之说。庄子的哀叹是失去知音之痛。

庄子与惠子，不是一般的知音或志同道合者。在一定意义上说，二人恰好是论敌。庄子对惠子贪名好势表示轻蔑。《庄子》的《秋水》篇，就记载了这样一则故事。庄子来到魏国，有人传言他是来与惠施竞争宰相职位的，惠子派人到处搜捕庄子。二人见面后，庄子说："南方有一只鹓鸰，非竹食不吃，非醴泉不饮，非梧桐不落。地上有一只老鹰正在抓一只死老鼠吃，看到鹓鸰飞来，大叫：'吓！'你是不是也想拿你那个相位来吓唬我呀！"庄子批评惠子"日以其知与人辩"。庄子与惠子成为"知音"，恰在于二人是辩论对手。

庄子和惠子最有趣的辩论是"濠梁鱼乐之辩"。庄子说："鱼儿悠然自得地摇头摆尾，游来游去，是多么快乐！"惠子说："你又不是鱼，怎么知道鱼很快乐呢？"庄子说："你也不是我，怎么知道我不知道鱼的快乐？"惠子说："我不是你，当然不知道你想些什么，你也不是鱼，当然不可能知道鱼的快乐！"庄子说："嗨！咱们回头想想，你问我怎么会知道鱼的快乐时，那已经假定了我是知道鱼的快乐的，你问我怎么知道的，现在我告诉你：'我是在濠水的桥上知道的。'"惠子认真在辩论着知与不知的问题，庄子却谈的是乐与不乐的感受，这样辩论，真是你来我往，不会有什么结果的。

庄子与惠子关于有用无用的辩论也非常有名。惠子说他种的葫芦大而无用，盛水举不起来。庄子批评他，为什么不用来过江的时候拴在腰间呢？只以一种实用的眼光看问题，就像是大脑被茅草塞住了一样。惠子讽刺庄子的言谈就像"大樗"一样"无用"。庄子针锋相对地指出：无用之用，乃为"大用"，何不放之于"无何有之乡"，而乘凉其下呢？惠子是世俗的功利标准，庄子却是超功利的审美眼光。这两人的辩论，有点方枘圆凿的感觉。

庄子曾与惠子辩论过"人故无情"的问题。惠子问庄子说："人确实是没有感情的吗？"庄子略带讽刺地说："你所说的‘情’，不是我所说的‘情’。道给了人容貌，天给了人形体，只是不要因好恶而伤害自己的本性。你现在分散你的心神，枉费你的精力，倚在树上歌唱，靠在桌子旁休息。天给了你形体，你却自鸣得意于坚白同异之辩。”庄子认为人从自然而来，应该保持精神上的宁静和恬淡，而不是追逐名利和世俗之情。

幸亏有了惠子，庄子才不至于太过寂寞。这可能是上天对庄子的眷顾吧。

熟悉技艺

庄子熟悉技艺。这可能与他“尝为蒙漆园吏”有关。他做过管理漆器作坊的小吏，也可能直接参加了当时的手工劳动，对各种技艺有较为深刻的观察和体验，并通过这种体验进入了“体道”境界。《庄子》一书记载了许多手工技艺，并借以抒发自己的情怀，表达深奥的哲理思考。

比如，轮扁斫轮。齐桓公在堂上读书，轮扁在堂下做车轮，问桓公：“您读的是什么？”桓公说：“圣人之言。”“圣人还活着吗？”桓公说：“已经死了。”“那么，您读的只是古人留下的糟粕了！”桓公听了大怒，说道：“我在这里读书，你有什么资格说三道四？今天如果说出个子丑寅卯倒还罢了，否则就处你死刑。”轮扁不慌不忙地来到堂上，对齐桓公说：“我这道理是从做车轮这活中体会出来的。就车轮来说，榫眼松了省力而不坚固，紧了则半天敲打不进去；我可以让榫眼不松不紧，然后不慌不忙地敲进去，这技艺得之于手而应之于心，嘴里虽然说不出这松紧的尺寸，心里却是非常有数的。我心里这个‘数’，无法传给我的儿子，儿子也无法从我这里继承下去。所以我都六十了，还在这里为您做车轮。圣人已经死了，他所悟出来的最深刻的道理也随着他的死亡而消失了，能够用语言表达出来的，只能是浅层次的道理。所以，我说您读的书是古人留下的糟粕。”

类似这样的精湛技艺描写，《庄子》一书，举不胜举，如“庖丁解牛”“大马捶钩”“津人操舟”“佝偻者承蜩”“匠斧运斤”等等，妙趣横生，引人入胜。这些生动的技艺描绘和工匠的体会，包含着丰富的想象和深刻的哲理，成为庄子思想的不竭源泉。

但是，《庄子》对技术是有戒心的。在他看来，技术也是对人的异化。《天地》篇有一则子贡见一丈人抱瓮而灌的故事。子贡游于楚国，返回晋国时，经过汉水南岸，见到一位老者正在整修园子种菜，挖条小沟通到井中，抱着装满水的陶罐灌溉，水从罐中溢出，很费力气却收效甚微。子贡见了说：“有一种机械，一天能浇灌一百畦，用力甚少而功效甚多，先生您不打算用吗？”灌园老人仰起身望着子贡说：“什么样的机械？”子贡说：“凿木为机械，前轻后重，用它提水，就像抽水一样方便省力，取水之快就像水涌流一样，它的名字叫桔槔。”灌园老者听后变了脸色，既而又笑了笑说：“我从老师那里听说，有机械的人必定有机巧之事，有机巧之事必然有机诈之心。机诈之心存在于胸中，则纯洁质朴之心就不完备；纯洁质朴之心不完备，则精神生而不得安定；精神生而不得安定的人，只会为大道所摒弃。你说的机械我并非不知，只是羞于取用。”子贡羞愧低头，躬身不能回答，走了三十多里路之后心情才恢复正常。回到鲁国后，子贡把这些告诉孔子，孔子说：“他是修习浑沌氏道术的人。只知浑一之大道，不知有其他；只知治理自身，不知治理外界。这样，心地清明，纯洁无瑕，无为返朴，体悟自身本性而执守精神专一，悠游于世俗生活之中，你对这样的人本来就该表示惊异呀！而且浑沌氏的道术，我和你还不足以认识啊！”的确，修“浑沌氏之术”者，当今之世，又有几人？庄子对技术的警惕，有先见之明。

第 2 章

《庄子》的思想和文章

一部《庄子》，号称难读。初看起来，只觉满纸荒唐言，真如坠五里云雾之中，令人望书兴叹，却难体会其中一把辛酸泪。仔细想来，《庄子》是论“道”之书，“道”不可言而强言之，难免要以寓言写出来了。或借用《庄子》里的话来说，天下一片沉浊，岂能对着浊世说什么正经的话呢？于是，便有了《庄子》思想与艺术的奇特了。

一、思想特点

《庄子》是复杂的，但若因其复杂而不能窥其全，以《庄子》本为一偏，就未免盲人摸象。我们可以从不同的方面对《庄子》进行一些分析。

真伪问题

《庄子》一书，总共三十三篇，分内篇七、外篇十五、杂篇十一。这是西晋郭象整理而成的本子，与司马迁《史记》有了很大的出入。据《汉书》记载，《庄子》有五十五篇之多。那么，其他篇章都是什么样的文章？据郭象所说，他删去了

"荒诞不经"的篇章，并为《庄子》一书作了注。与郭象同时或先后，为《庄子》作注的人很多，但只有郭象的注比较完整地流传下来了，也确得《庄子》的神韵，成为《庄子》注本中的极品。郭象《庄子注》在《晋书》中，就有两种不同的说法。照《晋书》的《向秀传》所说的，《庄子注》最早是"竹林七贤"之一向秀所作，郭象"述而广之"。照《晋书》的《郭象传》所说，向秀作《庄子注》，只有《秋水》《至乐》两篇没有完成，他就死了。向秀死后，"郭象行薄"，遂据向秀的注为己有，补作《秋水》《至乐》两篇的注，又把《马蹄》一篇的注改换了一下。《世说新语》的《文学》篇也有此说。《庄子注》成了一段历史公案。不过，这并不影响我们读《庄子》。

先秦的子书，有一些不成文的习惯。简单地说，一是它们一般不是一人之作。就战国末期的《荀子》来看，最后五篇，显然不是荀子所作；就《韩非子》来看，第一篇《初见秦》，就不是韩非子所写。《论语》是孔子的学生记载孔子及其与学生应答言行的汇编，不知经过多少学生之手。《孟子》似乎是孟子所作，但其实也成书于他的几个学生。《庄子》书分内、外、杂，就更不是庄子一人的著作了。二是非一时一地之作。《墨子》一书，可能是墨子死后，墨分为三之故，同样一篇文章，就有三种版本。《庄子》一书，记载的事件跨度很大，时间也有很大出入，一时一地之作，当然谈不上了。三是诸子著作甚至非一家一派之作。《庄子》一书，也有这个问题。不过，在宋代以前，对这个问题关注的人不多。只是到了苏轼，才提出了《庄子》的真伪问题。《庄子》批判儒家的礼乐仁义之道，抨击儒家崇拜的"圣人"，这种倾向是比较明显的。《盗跖》《渔父》两篇直接抨击了孔子。苏轼认为"《庄子》盖助孔子者"，也就是明批评实是拥护孔子的，故而断定这两篇为伪。

他又认为《让王》《说剑》两篇，“皆浅陋不入于道”，也断定为伪托之作。于是，历代研究《庄子》的人，就根据语气、文辞等，断定某些篇章非庄子所自作，或者非庄子之作。这些争论，其中许多是很有根据的，但也不能完全断定那些篇章为伪作。只是就《说剑》一篇来看，写赵惠王沉湎于剑术而不理国事，庄子前去劝说。赵惠王晚于庄子，文中庄子所说的话，有些像纵横家的言论，确不是庄子学派所为。但总的来看，一般认为，内七篇出自庄子的手笔。根据是什么呢？内七篇文章上乘，思想意蕴深厚，故为庄子手笔。这是典型的循环论证。不过，当代学者刘笑敢的《庄子哲学及其演变》，通过考证《庄子》中道德、性命之类的用语在内篇中为单纯词，在外、杂篇中为复合词，根据汉语词汇单纯词汇在先、复合词汇在后的规则，证明《庄子》书中的内篇在前、外篇在后的历史顺序，内篇为庄子本人的作品，外、杂篇大体是庄子后学的作品。这多少比传统说法有了许多新意。

内七篇是相对独立的，构成了庄子基本的思想体系。我们分析《庄子》，主要根据内七篇。就外、杂篇而言，有些篇章也绝不亚于内七篇，比如《秋水》等等，思想与艺术达到了与内篇相同的高度，有的甚至比内篇更为深刻，是内篇的有机补充。整体上看，《庄子》是难得的佳作。

不同派别

《庄子》一书，内篇可能是庄子自著，外、杂篇可能是庄子后学所作。这种复杂的情况，还得有个细致的分别。按照刘笑敢先生的说法，《庄子》一书，除内篇外，外、杂篇可分成三个派别：述庄派、无君派、黄老派。

述庄派是庄子后学中祖述庄子内篇思想的派别，其思想与内篇完全一致，追求一种超越现实的逍遥游境界。述庄派的作品，包括《秋水》《至乐》《达生》《山木》《田子方》《知北游》《庚桑楚》《徐无鬼》《则阳》《外物》《寓言》《列御寇》十二篇。从文章的思想内容和语言形式来看，述庄派的作品是外、杂篇中年代最早的一类。这一类作品的主要特色是继承和阐发内篇的思想，对《庄子》的内篇的基本观点如逍遥游、齐物论、大宗师等都有较为细密的阐述，对庄子的人生论思想也有所发挥，然而没有重要突破。

庄子后学中的无君派，包括外、杂篇中《骈拇》、《马蹄》、《胠箧》、《在宥（上）》（除去最后两章，这是刘笑敢先生提出的划分）、《让王》、《盗跖》、《渔父》七篇。这七篇文章，尤其是前面四篇短文的思想观点和文章风格与《庄子》书中的其他文章明显不同。这一派不满现实，激烈地抨击现实，批判的锋芒直指传说中的圣君贤士和当时的国君，强调任人性之自然。这一派以“至德之世”为理想世界。无君论思想是对君主专制和政治腐败的严厉批判。魏晋时期鲍敬言的无君论，与庄子后学中的无君论，有着明显的联系。

黄老派的作品包括《天地》、《天道》、《天运》、《在宥（下）》（最后两章）、《刻意》、《缮性》、《天下》七篇，这一组文章中，《天下》篇是比较早的，其他篇都是《庄子》书中年代较晚的文章，但大体仍是先秦的作品。这一组文章与内篇思想有重要的不同，与庄子后学中的述庄派、无君派也有明显区别，与汉墓黄老帛书的思想特点及司马谈对道家的评述却基本一致，是庄子后学中的黄老派。这一组文章中，《天道》最具有代表性，它主张法天道而治，提倡“君无为而臣有为”的“君人南面之术”。该派思想的显著特点是从庄子的剽剥儒墨到融合儒法、从生天生地之道到法天之道、从逍遥无为到“君无为而臣有为”，与庄子之学已有了一定的距离，带有明显的黄老道家学说的特点。

不过，刘笑敢先生的这种划分，有些理想化色彩。实际情况复杂得多，这种事后的重新整合，最多也只是一种猜测而已。在没有更好的说法之前，我们权且赞同这种说法，帮助我们进一步理解《庄子》一书的复杂性。

思想世界

《庄子》的思想世界，借用闻一多的话说，是游子的故乡之思。初看起来，这似乎不像一位哲学家的思想。是的，庄子不同于一般的思想家，他同时也是名副其实的文学家，或者说他是诗人哲学家。与其说他的思想是概念知识体系，不如说是哲理寓言艺术。游子充满了故乡之情，但这种情感是一种怀念着的思想。大家可能会问：庄子的故里都难确定，怎么还谈故乡之思？其实，这里的“故乡”只是一种比喻性的说法。庄子将自己从战国的现实生活中心“放逐”了，对现实世界生出了陌生感，以道的世界为故乡，他的思想，他的文字，无处不充满着对这种“故乡”的思念。换言之，庄子是“生活在他处”，是一个最富于理想的人。

游子思乡，向往的是一种逍遥游的自由境界。庄子的思想不是揭示道的神秘与普世，而是重点塑造一种逍遥于天地之间而心意自得的人生境界。《庄子》的开篇便是《逍遥游》，《逍遥游》一开篇便是鲲“化而为鹏，其大不知其几千里，怒而飞，其翼若垂天之云”的宏大形象和场面，通过大鹏与鷃雀等的小大之别的对比，开辟出了一个“御六气之辩，以游无穷”的博大境界。用一个形象的比喻，如果说老子的哲学还有些写实特点的话，那么，庄子哲学则完全是一幅写意画了。这幅写意画，全是游子的逍遥之游；一部《庄子》，根本上说，是本寓言式的游记了。在一个乱世中，庄子设计了一个悠然自得、怡然自适的自处之道，轻松得没有任何牵累。一个饱经忧患的读书人，没有让生活的苦难和重担压垮，反而决绝地超越了现世苦难，写出了激荡人心的浪漫文章，这正是庄子的过人之处。

庄子也正视人类的不幸际遇，关切社会的动乱根源，抨击人世间的种种荒谬和不平，痛斥各种替盗贼张本的是非争论，站在道的立场上观物论世，批评儒家的仁义礼智观念对人性的异化和束缚。他认为万物是齐同的，世界一切事物，瞬间即逝，方生方死，没有东西能够永生，强分彼此，是没有意义的。是非之间，是无法真分出高下对错的。那些执着于是非的人，也只是妄自尊大、“成心”在作怪而已。一切都是相对的，这一点才是绝对的。西施不是很美吗？鱼见了她只会仓皇逃窜。没有统一的标准，也没有第三方会真正主持公道。与其在世界的是非之间苦苦纠缠，不如依道而行，依道而化。这就是庄子的齐物之论。

什么是庄子的“道”？许多人用统计的方法对庄子的道进行分类整理，分析其意义。也有人按西方哲学的方法，对庄子的道进行分析，争论庄子之道的唯物主义或唯心主义性质。说实在的，这些研究也许自有其专业意义。但就庄子思想而言，未免有些隔靴搔痒，难以说到痛处。的确，与老子一样，庄子强调“道”是不可言说的，可以意会而不可言传。它长于上古而不为老，自古以固存，却无处不在，散发在万物之间，施与世间万物以道的光辉。庄子明确地说：“以道观之，物无贵贱。”万物的价值都是相对的，谁也不是真正的中心。因此，庄子的思想世界，其实是一个审美的世界，一个观赏的世界。用庄子自己的话说，叫“天地有大美而不言”。

当然，庄子向往的故乡，也不完全是不落实际的，按照庄子的想法，还是可以描述的。我们叫它“无何有之乡”。什么是“无何有”？也就是没有世俗的纷扰和牵累，没有君子和小人之别，人与万物为邻，与大自然和谐地相处。这也叫“至德之世”，是老子“小国寡民”理想国的延伸。

人世间的苦难，并没有打消庄子追求高尚生活的情趣。他关注的不是生命的外表，而是内在的精神世界。在庄子笔下，有各种残疾人，也有长相丑陋者，但他们保存了生命，成就了无用之用，顺生命之天然状态，达到了养生境界，体会到天地之大美。

庄子的思想，归结起来看，是一种“冷眼热心”式的人文关怀。眼虽冷，心却极热。对真的呼唤，对美的欣赏，对理想社会的向往，都成为他思想世界的有机组成部分。

二、艺术特色

寓言、重言、卮言

司马迁《史记》评价《庄子》说：“其著书十余万言，大抵率寓言也。”庄子的思想，采用寓言这种表达形式，与其他思想家太不相同了。寓言这种形式，先秦诸子采用者不在少数，甚至连《战国策》这样的纵横家著作中，策士们也借寓言来讲理辩论，留下了像“鹬蚌相争”之类脍炙人口的成语。特别是《韩非子》，它将寓言故事用来作为说理的基本工具，发挥了出人意料的特殊效果。但总的来看，寓言在他们的文章中毕竟只是议论的工具，离开了这些寓言，虽然削弱了表达效果，却不影响这些作品的存在。但在《庄子》中，没有寓言，《庄子》不成其为《庄子》了。换言之，《庄子》一书，十有八九都是寓言，庄子用心在写寓言，给读者欣赏的也是寓言。在此意义上说，《庄子》一书，是中国古代最为典型的寓言集。这就是《庄子》的特别之处。

什么是寓言？庄子为什么要写寓言呢？《庄子》中，专门有一篇文章《寓言》，对寓言作了许多解释。《庄子》的《天下》篇，详细地交代了庄子的写作意图。寓言，就是寄托寓意的言论，是寄寓着一定道理或教训于他人他物的假托故事。古今中外，寓言故事是重要的文学形式。在先秦诸子著作中，《韩非子》和《庄子》中的寓言最多。相比较而言，《韩非子》的寓言故事，更多历史体裁，而《庄子》更多的是神话寓言、生活寓言。

《庄子》的《寓言》篇说："寓言十九，重言十七，卮言日出，和以天倪。"这就是说，《庄子》一书，寄托寓意的言论占了十分之九，借重先哲时贤的言论占了十分之七，无心之言层出不穷，合于自然的道理。有人将《寓言》篇中的寓言、重言、卮言视为三种相互独立的言论。其实，这三种言论在一定意义上是三而一、一而三的。从其广义来看，三言都是寓言。《寓言》篇的区分，是注重从寓言的表达形式上的不同侧重所作的分别。为什么要用寓言、重言、卮言？《天下》篇说得更明白：庄子以为天下沉浊不堪，不宜正面地讲一些严肃的话，心中的道理和思想，只能用无心的卮言来推衍，借助重言来使人觉得真实，借助寓言来推广。原来，寓言就是假托外人来讲道理。自说自话，肯定不会被人相信。这就是寓言的好处。《庄子》一书中，生活中的常人俗事，在他的笔下，都代表他讲话；宇宙世间的万物，也是他笔下的主人公，个个栩栩如生。重言占十分之七，是为了中止争辩，因为这是长者的言论。长者并非只是年龄大，同时还有才德学识，树立了做人之道，受到世人的敬重。他们的言论，会得到人们的信任。不过，《庄子》中的重言，却并非像它说的占十分之七，只是一些修道的权威或长者代他讲话，而孔子之类，倒成了他批评和讽刺的对象了。"卮"是漏斗，"卮言"就是漏斗式的话。漏斗空而无底，注入油或者水，它便立刻漏下。《庄子》借以说明他的话就像漏斗一样，没有成见。也有人说“卮”是酒器，酒器满了，酒自然会向外流溢，庄子借以形容他的言论是无心而自然的流露。我们不说话则已，一说话就有了个人的主观色彩，于是就有了是非对错之争。只有没有主观偏见，自然流露出的言论，才能流传长久。于是，我们看到《庄子》中的许多言论，既不是正面赞同，也不是从反面进行反对，而是更多的正反设问，启发人思考，而不是固执于某种言论。

庄子以悠远的论说，广博的言论，没有限制的言辞，自由放任，不拘一格，不持一端之见，独自和天地精神相往来，不傲视万物，不拘泥于是非，与世俗相处。他的寓言虽然奇特，却宛转论说而不违背大的道理，言辞变化多端却特异可观。他的思想感情饱满而不停止地向外流露，上与造物者同游，下与忘却生死无终始的人做朋友。他以道为本，精神世界宏大而开阔；他崇尚天道的自然，精神境界和谐而达到顶点。他的思想顺应万物的变化而不为物所束缚，他讲的道理深远而没有穷尽。这就是庄子寓言的内在精神。

寓言世界

其实，许多研究《庄子》文学成就的人，很少有人将庄子的寓言作为一个特殊的世界来看。庄子堪称中国古典文学大师，其想象力之奇特、瑰丽、丰富，在中国文学史上是少有的，他所塑造的理想世界，集中地体现在他的艺术世界中。《庄子》的世界是一个审美的世界。

在庄子的笔下，一草一木皆有性灵，许多都是庄子笔下的“人物”和“主人公”。有些草木只是寓言中的点缀，但有一定的象征意义。如《逍遥游》中的朝菌、蟪蛄、冥灵、大椿、[illegible]鹩、偃鼠、大瓠、洴澼絖、樗、狸狌，《齐物论》中的百骸、九窍、六藏（脏）、莛、楹、泰山、秋毫、猨猴、麋鹿、蝍蛆、鸱鸦、猵狙、鱼、泥鳅，《养生主》中的牛、泽雉、薪，《人间世》中的马、大木、楸、山木、膏火、桂、漆，《德充符》中的豚子，《大宗师》中的舟、山、泽、水、鱼，《应帝王》中的蚊、鸟、矰弋、鼷鼠、神丘，《骈拇》中的骈拇枝指、鹤胫、凫胫，《马蹄》中的马、埴、木，《山木》中的大木、雁、丰狐、文豹，《刻意》中的干越之剑，《知北游》中的白驹，等等，举不胜举，充斥内、外、杂篇中，都成了《庄子》寓言中的人物。特别是《齐物论》中对风的描写，简直成了对有生命有感情之物的渲染。但更主要的是《庄子》中的草、木、山、川、飞禽、走兽之类，往往都是寓言故事的主角，演绎成了寓言故事。《逍遥游》中蜩与学鸠对大鹏的嘲笑，《齐物论》中的罔两问影、朝三暮四，《人间世》中的螳臂当车、栎社见梦，《大宗师》的大冶铸金，《应帝王》中的儵与忽凿浑沌七窍，《秋水》中的腐鼠吓鹓鸰，《至乐》中的骷髅见梦，《外物》中的白龟托梦，等等，形成了寓意深远的故事。

《庄子》能将生活中的事件寓言化，成为表情达意的妙笔，有的甚至有“黑色幽默”的效果。《逍遥游》中，惠子与庄子关于葫芦、不皲手之药的一段对话，平中见奇，翻出有用无用之论，点出人的境界差异。诸如此类的寓言故事在《庄子》中比比皆是。

《庄子》中的人物，多是寓言式的。按得道闻道的程度，形成了一个寓言群像。最理想的形象，是真人、至人、神人、圣人、天人之类，他们是道的化身，不以人间俗务为事。也有从不同方面、不同途径感悟了道的诸多人士，如老子、许由、王倪、啮缺、被衣、长梧子、右师、秦失、副墨、蒲衣子、无名人、壶子、广成子等等，构成了《庄子》寓言世界的第二个层次。第三个层次是一些隐士，他们得道之一偏，如颜成子游、王骀、叔山无趾、南伯子葵、子祀、子舆、子犁、子来、子桑户、孟子反、子琴张等等，都是学道者。这些寓言群像，足以构成一寓言世界。

在《庄子》中孔子的形象非常特殊，身份也不断变化。在内篇中，孔子在一定意义上还是一个体道者，在外、杂篇中，孔子则时而是被激烈批评、嘲笑的对象，时而对道又有着高深的体会。相对而言，孔子的弟子颜回倒更像一位体道者，正面的形象还要多一些。孔子的学生子路、子贡，以仁义自许。原宪清贫自守，倒更像一体道的人物。

最奇特的是一些工匠、水手、屠夫之类，他们的技艺达到了道的高度，成为《庄子》寓言中能通过生活实践而体道的人。

《庄子》的寓言世界，是丰富而复杂的，甚至形成了寓言世界的自然规则，成了《庄子》艺术最为独特的一面。

浪漫风格

鲁迅先生评价《庄子》说："其文汪洋辟阖，仪态万方，晚周诸子之作，莫能先焉。"郭沫若说："以思想家而兼文章家的人，在中国古代哲人中，（庄子）实在是绝无仅有。"这些评价是准确的。

《庄子》的艺术，充满了神奇的想象和强烈的个人体验，以灵活奔放的形式，尽情抒发对理想世界的追求，是中国浪漫主义传统的重要源头。《庄子》一书，塑造了一个"至人无己"的清静世界，表达了对超越世界的向往。这一方面，屈原与庄子有些相似。但屈原的热情，是志士仁人之情，更多的是对现实的祖国的爱。《庄子》之情，借用闻一多先生的话说，"可难说了，只有超人才载得住他那种神圣的客愁"。庄子是天地开辟以来最古怪最伟大的情种。若讲庄子是诗人，还不仅仅是泛泛的一个诗人。他将理智的冷艳与情感的温馨融合在一起，他的思想本身便成了一首绝妙的诗了。庄子的思想，是一种对宇宙人生的哀愁。庄子的文字，倒显得完全是随着思想走的。

但是，这种浪漫主义的想象，还是可以说出一些来的。方勇、陆永品先生有一些总结。首先，《庄子》塑造出了气象宏大、场景雄伟、想象怪诞的意境。以外篇的《秋水》为例，开篇的气象，就令人称奇：秋雨连绵，河水暴涨，成千上万的小川流入黄河，两岸河洲之间，连牛羊都无法分清，河神觉得世间一切的美都汇聚在这里了，他顺流而下，到了北海，看不到海的边际，于是，改变了自得的神态，叹息自己见笑于大方之家，引发了海神一番宏论。其实，《逍遥游》中的鲲鹏之大、藐姑射山之神，尽写其神奇；《人间世》中的栎社树枝之大能遮蔽牛数千条、造舟数十，极状其罕见；《大宗师》描绘真人不知悦生恶死的超脱境界；《外物》篇写任公子做大钩巨镏，以五十头牛为饵，蹲在会稽山一年，钓到的大鱼，潜入海底，浪花若山一般高，海水震荡，声音传出千里之外，鬼神都为之胆寒，场面之雄奇，不言而喻。另外，大家熟悉的庖丁解牛、佝偻承蜩、吕梁丈人潜水等场面的描写，想象力的奇特，让人回味无穷。

其次，巧设寓言，创诙谐泼辣之趣。宋代学者黄震说："庄子以不羁之才，肆跌宕之说，创为不必有之人，设为不必有之物，造为天下必无之事，用以眇末宇宙，戏薄圣人，走弄百出，茫无定踪，固千万世诙谐小说之祖也。"人、物、事不必有，却情节完整、故事生动、人物栩栩如生。如此荒唐之言，正如清代学者刘熙载所说，"意出尘外，怪生笔端"，新颖而奇特，开后世小说创作的先河。试看《外物》篇儒士以诗发冢的故事情节描写：儒士用《诗》《书》的名义来盗窃坟墓。大儒说："太阳出来了，事情怎么样了？"小儒说："裙子短袄还没有脱下，口中含有珠子。”大儒说：“古诗上说：‘青青的麦穗，生在陵陂上，生时不施舍人，死了何必要含珠？’抓住他的头发，按着他的胡须，用铁锤敲他的下巴，慢慢分开他的两颊，不要损伤了口中的珠子。”难怪《史记》说他“剽剥儒墨，王公大人不能器之”，如此文笔，王公大人如何器之？

再次，长于用譬，是庄子以寓言行文的特点。清代学者宣颖说：“庄子之文，长于譬喻，其玄映空明，解脱变化，有水花镜月之妙，且喻后出喻，喻中设喻，不啻峡云层起，海市幻生，从来无人及得。”以《天运》篇为例，一连用了六个比喻，真是喻中有喻，层层转换，妙趣横生：“古今非水陆”“周鲁非舟车”“桔槔俯仰”“柤梨橘柚可口”“猿狙衣周公之衣”“西施病心而颦其里”，突出了礼仪法度应时而变之理，含蓄蕴藉，余音袅袅，韵味无穷。其实，《庄子》全书，真是“用譬十九”，变幻无穷。

《庄子》嬉笑怒骂，皆成文章；虚设巧喻，怪诞新颖；荒唐之言，皆成名文。《庄子》一书，其文可谓信手拈来，得神来之笔，成千古奇文。

第3章

游子思故乡

近代以来，西学东渐，学术界用西方哲学模式分析中国思想文化，《庄子》受到的误解最多。庄子似乎是一个没心没肺的人，消极悲观，玩世不恭，被看成没落甚至反动的代表人物之一。但一部《庄子》，还是闻一多先生说得好，它抒发的是游子的故乡之思。

一、何处是故乡

月是故乡明。故乡是一个人最初的记忆，也是最温馨的家园，精神的港湾。一个人回到故乡，往往并不满意，反而带来更多的失落，只好又匆匆离去。离开了，却又不断地思念。这是一种矛盾的心理，也是人之常情。这是为什么呢？“故乡”是两重的：一重是具体的，一重是抽象的，近在自己的本性，远在理想的世外桃源。

最“认真”的人

毛泽东说得好：“世界上怕就怕‘认真’二字。”《庄子》似乎是一本消极的书，却将其作者描绘成最“认真”的人。这又是为什么呢？简单地说，我们看到的《庄子》一书中不“认真”之处，全是太“认真”所致；“认真”至极，失望至极，进而表现出愤世嫉俗甚至玩世不恭，这不是生活中常见的吗？

为什么说庄子是最“认真”的人？我们先看看什么是“认真”？认者，认同。真者，真实。合起来看，就是认同某事的真实性，以严肃的态度对待某事。不过，以《庄子》一书来看，“认真”的意义超出了日常生活的意义，而具有更为复杂的含义。一方面，日常生活中的“认真”意义，在《庄子》中是最典型的；另一方面，《庄子》追求“真知”，向往“真人”，回复“真性”，认同“真情”，塑造“真境”。这是研究《庄子》时不能不注意的。

庄子的“认真”，表现为虽然超脱却未能忘情，有时疾恶如仇。《人间世》道尽了人间的险恶。庄子借楚狂人接舆的歌声抨击世道的黑暗：“凤呀，凤呀，你的德行为什么这么衰败？来世不可期待，往世不可追回。天下有道，圣人可以成就事业；天下无道，圣人只能保全生命。当今这个时代，只求避免遭受刑害。幸福比羽毛还要轻，却不懂得摘取；灾祸比大地还要重，却不知道回避。罢了，罢了！在人面前用德来炫耀自己，危险呀，危险呀！何必画地为牢。荆棘呀，荆棘呀！不要刺伤了自己的脚胫。转着弯儿走，转着弯儿走，不要刺伤了自己的脚!”一位隐士，本超然事外，却对人世间的祸重于地、福轻于羽不能忘情，还去规劝别人转着弯走，还不是个认真的人？

人世间也的确险恶。《人间世》通篇都在写人世间的黑暗和险恶，尔虞我诈，无辜者横遭杀戮，世间成了地狱和陷阱，人间成了一部血淋淋的屠宰场。卫国的君主，轻举妄动，轻于用兵，死的人堆满了山野，好像干枯的草芥一样。世道如斯，儒家还在讲什么仁义治国，能有个好吗？庄子不能忘却无辜之民的命运，也不能无视为人处世之难。他太认真了！

《胠箧》说，那些因为贫穷而窃取了带钩的人遭到诛杀，而窃取了别人的国家的人，反倒成了诸侯，这真是诸侯之门，才有仁义啊！儒家的圣人仁义，岂不是为虎作伥、给盗贼帮忙的吗？庄子气愤地指出："圣人不死，大盗不止。"庄子的认真让圣人的形象再也无法高大了。

在庄子看来，当今之世，人都是站在神射手后羿的靶子的中心，处于昏上乱相之间，什么才是处世的万全之策呢？求得无用，行吗？《人间世》《德充符》中提倡的"无用"以自守，也是白搭。庄子太清醒了，清醒得让人黯然神伤。

庄子无法忘情于"心死"的悲哀。哀莫大于"心死"。《齐物论》描绘了"心死"。世人梦中心神交错烦乱，醒来形体不宁。与社会接触纠葛不断，整日钩心斗角。他们说出话来，有的显得漫不经心，有的机关算尽，有的滴水不漏；小的恐惧让他们提心吊胆，大的恐惧使他们垂头丧气。他们的发言就像箭一样疾速，专找别人的是非来攻击；如盟誓一样默不作声的时候，是在等待获胜的机会。这些人的生命好似秋风冬寒的景象，一天天衰败而消失；他们隐藏城府而不言不语，越老越不可自拔；接近死亡的心灵，再也不能使它恢复生气。大自然赋予我们美好的生命，却被这般损耗殆尽了吗？这不是人类莫大的悲哀吗？只可惜呀，他们不自惭形秽，反而自鸣得意，这不是让人更痛心吗？这样的人虽然还活着不死，但有什么意思呢？形体在衰老，精神受困于形体之中而一起消亡，这能不叫作人生最大的悲哀吗？

"心死"是真性丧失。庄子呼唤的，是人的真性、真情、真境。这才是庄子的"认真"。

"自我放逐"

在"放逐"这一点上，庄子与屈原是相似的。屈原是位诸侯国的大夫，庄子则是一位读书人——士。不过，屈原是“被”楚怀王放逐的，而庄子则是被“自己”放逐的；屈原是被动的，而庄子则是主动放逐了自己；屈原被放逐到汨罗江，庄子自放于市井民间；屈原是身体的放逐，庄子是心灵的放逐；屈原行吟于江畔，庄子嬉笑怒骂于濠梁山林；屈原游于楚国，庄子游于宇宙六合；屈原为“身份”被剥夺而忧，庄子则因没有“身份”而逍遥；屈原力图挽狂澜于即倒，庄子则粪土当年万户侯；屈原被放逐到了士阶层，庄子是士阶层中的特立独行者……

庄子为什么要“自我放逐”？其实，这个问题和他的“认真”是分不开的。“士有定主”，士对贵族有一定的忠诚义务，贵族也为士提供机会。战国之世，“士无定主”，但为所有的贵族服务，仍然没有离开“家”的束缚。士阶层的多数人，游走于各诸侯国，“学得屠龙术，卖与君王家”，积极参与到“七雄争霸”战争中以谋求发展。于是，“天下莫不以物易其性矣。小人则以身殉利，士则以身殉名，大夫则以身殉家，圣人则以身殉天下”。“殉”就是为达到目的而牺牲生命。以生命为代价去谋取名利，这真是“伤生残性”。庄子决然地隐身于民间，远离了“家”的束缚；彻底拒绝为贵族诸侯服务，“终身不仕，以快吾志”，心灵上从“家”获得了解放，而绝不“伤生残性”，逍遥于市井之间而心意自得。庄子将自己彻底从“家”中放逐了出去，处于社会中心的边缘。

庄子的“自我放逐”，还有更为深刻的意义。庄子的独特之处，在于将自己再次从市井民间“放逐”出去，置身于“无何有之乡”或者说“道”的境界，与世俗社会形成了尖锐的对立。一旦以“道”为“故乡”，庄子就成了真正的“游子”。生活在“世与道交相丧”的人世间，人为名、利、功、禄等世俗之物所奴役而不自觉，不就成为“道”的世界的游子了吗？

迷失了本性的人类太疲劳了，需要回归到“故乡”的港湾去休息，回归到自己的本真之性。依“道”来看，庄子不也是被“道”的世界放逐了的游子吗？

《天地》篇有则寓言，写出了人的迷失。黄帝游于赤水的北面，登上昆仑的高山向南眺望，返回时，遗失了玄珠。让智寻找找不着，让离朱（眼最明亮）寻找也找不着，让言辩找寻又没有找着，让象罔（无心）寻找就找到了。黄帝说：“奇怪哟！让象罔寻找才找得着吗？”“玄珠”不只喻道，也同时比喻人的真性。求大道于聪明辩论，离大道就更远了。习惯于世俗的圣智巧辩，只会丧失自己的本性。绝圣弃智，超越世俗的偏见和智巧，与异化的世界保持超脱的距离，混迹于俗，“外化而内不变”，保持清静无为的心境，生活在“别处”，寻找返回“故乡”之路，才是庄子的真性情。

不过，如此一来，庄子的世界与常人的世界恰好颠倒过来了，或者用马克思、恩格斯批评黑格尔的话说，是头足倒立的世界。但是，就像眼中倒立成像一样，人类不“倒立”，是难以成像的；“倒立”是人类的必要环节。庄子心中的“故乡”，不是现实中的故乡，而是“道”的世界，或者说是“生活于别处”的精神世界。庄子的忧思，就成了“游子”之思，即一位远离了理想世界的游子的思念。如此一来，庄子就成了一位名副其实的“游子”。

“生活于别处”

成就庄子之伟大者，在于他“生活在别处”，或者借用陶渊明的话说：“问君何能尔，心远地自偏。”动物只能面向现实，而人却能面向过去和未来，可以生活在一个超现实的维度，成为一个多维的存在。身体与灵魂、肉与灵可以分裂开来的特点，为人类开辟了生活的精神世界，从而获得一种精神解放和释放，就像孙悟空有七十二般变化一样，瞬息之间，人的心灵游历宇宙古今。人类精神的神奇，为人类“生活于别处”提供了广阔的空间和更多的机会。庄子从根本上将自己从“家”中放逐到市井民间，这是“外在的放逐”；又将自己从市井民间的肉体生命，放逐到“道”的精神世界，这是“内在的放逐”。

历史上的屈原遭谗被流放，但他没有为个人的得失所挂怀，而是心忧祖国的前途命运，深爱着他的祖国，心怀“别处”；屈原的《离骚》，就是一种精神的离别之忧。司马迁身受腐刑，遭遇常人的绝望之境，但他化悲痛为力量，以身体行走于宫廷，以精神生活于他发愤著书的历史世界。北宋文学家欧阳修说：文穷而后工。“穷”不能造就艺术家、思想家，却可以激励他们“生活在别处”，忍受常人所不能忍受的苦难，成就其事业的伟大。庄子与他们一样，苟全性命于乱世，忍受饥寒交迫的生活苦难，却妻死鼓盆而歌，以天地为棺椁，视卿相为腐鼠，“游戏于污渎中以自快”，内心仍以鹓鸰自许，“非梧桐不落，非练食不采”，傲视世俗万物，上下与天地同流，飘然游戏于人世间。

何谓庄子的“别处”？这就是庄子向往的“道”的世界。在佛学中，所谓“境界”，主要指意识活动中的主观感受，由此引申出的某方面造诣的深浅称为境界的高低。近代哲学家冯友兰先生，按人的主观觉悟和了解造成的精神状态将人的境界分成四个层次，表示人安身立命的不同依据：一是自然境界；二是功利境界；三是道德境界；四是天地境界。《庄子》所论说的“道”，一方面是“自本自根，自古以固存”的永恒存在；另一方面是体现于闻道、得道、求道中的道的境界。这一境界，超越了功利的境界、道德的境界，显然是天地境界。事实上，天地境界与自然境界，在感受上是相似的，都是一种混沌状态。只是程度上有差别。庄子的寓言世界中，一流的得道者，觉悟程度高，但也有些人，在平凡的技艺和生活中也悟出了许多真谛，都体会到了“道”的存在。因此，庄子的境界，是一种天地境界，或者说是一种自然境界。

天地境界不仅立足于人的社会环境，也站在宇宙大全的高度观照万事万物，类似于“宇宙人”或“道人”。有天地境界的人，“胸怀宇宙”，是“宇宙公民”，“事于天”，自觉地将人的觉悟与宇宙万物联系起来。冯友兰指出：道德境界是于社会中做一个堂堂正正的人，天地境界是于宇宙中做一个参天地赞化育的宇宙分子，“与天地同久，与日月齐光”，真正成为“天之骄子”。

20 世纪 80 年代流行的阿城以“知青”生活为题材的中篇小说《棋王》，重点表现的是对这种理想精神境界的追寻。小说以远赴云南边境“上山下乡”的一群“知青”为主人公，勾画了他们在非常环境里的人生经历。主人公王一生天性柔弱，面对粗糙喧嚣的社会环境，其唯一的“定力”只能来自自身内部精神的平衡。这是一个典型的“隐于市”的“大隐”之人：既不远离世俗生活，又不沉溺于俗世环境。道家思想影响到了王一生们的为人处世乃至精神世界。作品追求的文化立场和人生理想，是庄子哲学中的淡泊宁静、无为而为、身处俗世却不耻世俗的“超脱境界”。

二、逍遥游

庄子自我放逐，“生活于别处”，有迁客骚人般的逍遥之游和羁旅情愁。庄子之游，一方面是游离，另一方面是理想之游，游于“无何有之乡”。清代学者钱澄之说：“《易》之道尽于时，《庄》之学尽于游。”

逍遥于天地之间

什么是“逍遥游”？简单地说，它是《庄子》开创的生存方式。这种生存方式，一方面是游离于世俗世界，与现实世界保持较远的心理距离却又生活于世俗之中，“不谴是非，以与世俗处”，“而不傲睨于万物”，成为游离于现实却生活于现实之中的存在。《则阳》篇描述了这种生存方式。孔子到楚国去，住在蚁丘的卖浆铺里。他的邻居有夫妻仆妾登上屋顶观望。子路说：“这些人集聚在一起是干什么的？”孔子说：“这些人是圣人的仆役。这位圣人自隐于民间，自藏于田园。他的声名沉寂，志向无穷，他口虽言，内心却寂静无言。他的行为和世俗相反，内心不愿意与世俗同流。是‘陆沉’者，岂不是市南宜僚吗？”“陆沉”是很形象的表述。人能沉于水，不能沉于陆，为什么有“陆沉”呢？原来，“陆沉”是自隐，即无地而隐，或者说是“心隐”。大隐隐于俗。另一方面，逍遥游是游于“四海之外”“无何有之乡”“广漠之野”“方外”“无人之野”“六合之外”等等，从不同方面象征着“道”的世界，达到“上与造物者游，而下与外死生无终始者为友”的境界。在此意义看，逍遥游是返本求真之游。总体来看，庄子所开创的逍遥游境界，是对天下无道的反思和批判，是对人的真实存在的呼唤。寄沉痛于闲适，是对道家隐逸等行为方式的理论升华和概括，也是对功名利禄之士积极用世行为的否定。从《庄子》全书来看，逍遥游是其核心线索，是庄子人生理想的最高表现，也是一种游戏主义的独特观念和视角。

“逍遥”，又写作“消摇”，早在《诗经》《礼记》中就出现了，与“翱翔”互文见义。宋代理学家朱熹的《诗集传》说“翱翔，犹逍遥也”“翱翔，游戏之貌”，即“游戏以自乐”。这一解说，是准确清楚的，《楚辞》《文子》《淮南子》中，

“逍遥”一词大都没有超出这一基本含义。从《庄子》一书来看，《逍遥游》有：“彷徨乎无为其侧，逍遥乎寝卧其下。”《大宗师》有：“芒然彷徨乎尘垢之外，逍遥乎无为之业。”《天运》有一段话：“古之至人，假道于仁，托宿于义，以游逍遥之虚，食于苟简之田，立于不贷之圃。逍遥，无为也；苟简，易养也；不贷，无出也。古者谓是采真之游。”唐代学者成玄英解释为“逸豫自得”。可见，“逍遥”的基本含义是安闲自适、怡然自得，或者用朱熹的话说，“游戏以自乐”。其实，“逍遥”的意思，《庄子》中也有准确的解释。《让王》篇说：“日出而作，日入而息，逍遥于天地之间而心意自得。”为什么要逍遥？关键在心意自得，人的精神进入一种自由的状态。因此，当代学者一般都把“逍遥游”解释为精神自由，也不是没有道理的。只是“自由”作为一个哲学和政治学概念，主要来自西方，强调自由的法律限度，与庄子的怡然自得式的自由或情态式的自由，有了明显的区别。

其实，“逍遥”即“游”。“逍遥”不是田间劳作，也不是人际交往，甚至不是严肃的理性思考和计算。它显然超越了这些谋生手段，典型地代表着人类社会的“休闲”生活。在此意义上说，只有“游”才是“逍遥”的基本方式了。当然，逍遥游表示的不是人类为生计而奔波的生存状态，而是以自由支配时间为特征的自由生存状态，可能接近于马克思、恩格斯所说的自由王国状态。“游戏以自乐”，较好地表达出了逍遥游的意义。一方面，游戏是超功利的，其乐是高雅的；另一方面，“逍遥”重在自由自适，心意自得，无所依傍。因此，我们把《庄子》的哲学称作“游戏主义”。

逍遥游是“大而无用”的闲适。就《逍遥游》篇来看，如清人胡文英在《庄子独见》中所说：“前段如烟雨迷离，龙变虎跃；后段如风清月朗，梧竹潇疏。”前段的“烟雨迷离，龙变虎跃”指文章一开头就营造了一个宏大雄奇的想象空间：鲲之大不知其几千里，化而为鹏，其翼若垂天之云，怒而飞，水击三千里，去以六月而息，随风而上九万里。活动的天地远而无所至其极。小智不及大智、小年不及大年，蜩与学鸠的嘲笑，从“知效一官”到“御风而行”的列子的有所待，反衬出鲲鹏境界之大；通过层层烘托，点出鲲鹏“乘天地之正，而御六气之辩，以游无穷”的境界。逍遥游是“无心而游”，即“至人无己，神人无功，圣人无名”，去除了功、名甚至自己，抛弃一切“成心”和是非，进入一种闲适自得之境。这种境界是无用于世的，只有以无用为用，才能获得大用，达到心境两适，逍遥而无所不游。

心有天游

世间“沉浊”，“天下无道”，人不过是“沧海一粟”，何以能逍遥而游？这一点，连最得庄子神韵的向秀、郭象，也对庄子逍遥游之义有所误解。向秀、郭象的《庄子注》解释《逍遥游》的篇名说：“夫小大虽殊，而放于自得之场，则物任其性，事称其能，各当其分，逍遥一也，岂容胜负于其间哉！”也就是说，万物虽有大小的差别，但若能物顺其性、人称其能，各尽其责，都能逍遥游了。这显然是一种曲解，把逍遥游这一天地境界等同于万物之境，将小智混同于大智，迁就了郭象的“独化”理论。稍后的佛教学者支遁批评说，如果以发挥物的本性为逍遥的话，夏桀、盗跖以残害生灵为乐，也可算得上逍遥了。支遁《逍遥论》指出：“夫逍遥者，明至人之心也……至人乘天正而高兴，游无穷于放浪……苟非至足，岂所以逍遥乎？”也就是说，逍遥游是至人的心中之游，尽兴而乐。宋代林希逸也说：“游者，心有天游也；逍遥，言优游自在也。”逍遥游重在“心有天游”的自在状态。

庄子并不真是要寄身于世外，而只是“游心”，即游心于世外而已。《人间世》中有“乘物以游心”之说，《德充符》说“游心于德之和”，《应帝王》说“游心于淡”。《庄子》所称的“游”，是心游、神游而不是身游，是孔子所说的“避世”之游，重在求得内心的安闲、宁静、自得。

逍遥游是心灵之游，所游之处，并不是现实世界中的具体场景，而是精神世界虚构的想象空间。逍遥游所及之处，《庄子》一书有许多称呼，如《逍遥游》称“无何有之乡”“无穷”，《齐物论》称“四海之外”“尘垢之外”，《应帝王》称“六极之外”“圹埌之野”，等等，不一而足。这是一个超越了世俗利害的世界，没有人世间的纷扰，没有现实中的君子小人之别，人与禽兽比邻而居，与万物亲近而处，呼吸天地之气，自给自足，安居乐业，没有生活中的巧诈智慧，只有平和的朴素之情。这种自由的状态，可称作“天放”。逍遥游，所借以游者，“乘天地之正（性），御六气之辩（变）”“乘云气，御飞龙”“乘夫莽眇之鸟”，玄远幽深，气度恢宏。逍遥游的境界，似乎是一个碧波浩渺、横无际涯的世界，让人尽性翱翔，纵情驰骋，无拘无束，化云为雨，随意飘荡，如鸟儿般奋飞，如鱼儿般从容，悠然自得，淡然自适，如诗如画，自由而快乐。当然，这只能是思想在想象中飞翔，是一种艺术的描写，是一个审美的世界。明末清初学者屈大均说：“庄生之学，贵乎自得。学鹏之喻，皆以喻心。无何有之乡，广莫之野，心之喻焉者也。”中国当代美学家李泽厚先生以“审美的人生态度”论《庄子》的“逍遥游”，道出了庄子游世主义人生理想的实质。

庄子的逍遥游体验，是神秘的，与现实生活中的体验或艺术体验也不完全相同，借用《齐物论》的话说，“天地与我并生，而万物与我为一”，是天人合一的状态。这种状态，是与庄子所向往的“道”直接相联，也与天地万物直接相通。忘却万物、天下、生死，思想世界进入虚空状态，庄子将这种状态叫“心斋”：“唯道集虚，虚者，心斋也。”“心斋”就是无思无虑，虚无空寂，静气凝神，让玄想任意而游，让真性体会天道，实现物我两忘、天人合一。

游戏以自乐

为什么说庄子的“逍遥游”，是“游戏以自乐”，有游戏的意义呢？人们总是认为，游戏就是开玩笑，就是不负责任，是严肃的对立面，纯粹是一个贬义词。但事实并非如此简单。人真正的自由状态，不是劳作，反而是无拘无束的游戏状态。当人处于劳作状态中时，人与现实世界之间，是一种利害关系，总有一种紧张和担心。但当人游戏时，不用操心什么，是自由时间得到的休闲状态，与现实利害保持了较远的心理距离，轻松愉快。在此意义上说，庄子的逍遥游，是一种游戏。宋代学者林希逸说：“此之所谓逍遥者，即《诗》与《论语》所谓‘乐’也。”心有天游，逸适自足，即是游戏之乐。

逍遥游是一种呈现人的真实本性而富有创造性的游戏。人在什么时候最有创造性？答案是游戏状态。荷兰文化史专家约翰·赫伊津哈，写了一本《游戏的人》的书，副标题就是“关于文化的游戏成分的研究”，认为“真正的纯粹的游戏是文明的主要基石之一”。游戏本来就是愉快的事情，游戏中感觉不到快乐和自由，谁还会参加游戏？游戏与现实生活有了一定的距离，处于一种隔离状态，追求的是愉悦。儿童喜欢游戏，成年人也在游戏，动物也不例外。在游戏活动中，人的表现是最真实的。游戏是在一固定场合进行的自愿活动或事业，依照自觉接受并完全遵从的规则，有其自身的目标，并伴以认真、愉悦的感受，有别于日常生活的意识，人处于放松状态，能尽情地发挥自己的潜力。与现实生活隔离开的游戏，它所代表的超越性、自觉性、生动性、原发性等，的确是人类文明进步的激活因素。在此意义上说，《庄子》的游戏观，开辟了一个基本的文明和文化视角，有助于对人类文明的深入理解。

《庄子》关于游戏之乐的思考，是非常精彩的。《达生》篇有一段关于游戏的记载。以瓦片为赌注而常常碰巧得胜，以衣带环为赌注则害怕心虚，以黄金为赌注则心绪昏乱。技巧还是一样，得胜的机会都一样，而因为有所顾虑就注重身外之物。凡是注重身外之物，内心必然笨拙。以黄金做赌注，就不再是游戏了，而是赌博了，失去了游戏的轻松自如，追逐的是世俗的大利大害。只有不以物喜，不以己悲，镇定自若，进退自如，沉浸于游戏之中，才能享受游戏的自由和愉快。

逍遥游是一种超功利的审美活动。德国美学家席勒说：审美产生于游戏。的确，游戏是人类来自大自然的原生活力，是人类美好生活的创造力量。在游戏中，人会超脱于功利之上，以审美的眼光欣赏一切。身份、地位、贫富之类的身外之物，全被放在一边，人与人处于游戏的平等状态，人的品格到人的活动，都会呈现出美的创造状态。人们欣赏美，而不是去占有它，这种超功利的创造状态，不断冲击着僵化的文明。庄子的逍遥游，无疑是对人类这种审美创造力的把握。

逍遥游之乐，是与道相辅而游的天乐。它游于无穷的精神世界，上下与天地并生，消除了物我对立，去除了人类的“成心”或偏见，达到了天人、物我合一的混沌境界。这种“乘道德而浮游”的高雅游戏，却与人世间处于不即不离之中，而非游于宗教所说的彼岸世界。《庄子》的游戏之乐，是一种游世主义之乐。

三、“故乡”之旅

游离于人间世

庄子的游世主义处世态度，经常被视为出世的消极思想，或者干脆称为混世主义。其实，这是一种误解。

的确，庄子有超世的一面。《大宗师》篇说得最明确不过："他们（孟子反、子琴张）正和造物者为友，遨游于天地之间。他们把生命看作气的凝结，像身上的赘瘤一般，把死亡看成气的消散，像脓疮溃破一样，像他们这样的人，又哪里知道死生先后的分别呢？借着不同的气，凝聚成一个形体。忘掉了肝胆，忘掉了耳目，死生自然循环，不去理什么头绪。安闲自在地神游于尘世之外，逍遥自适于自然之境。他们又怎能不厌其烦地拘泥世俗的礼仪，做给众人看呢？"傲然而立于世俗之外，怡然漫游于"方之外"，遗世独立。从这种处世态度中，我们能体会到道的"自本自根，未有天地，自古以固存"的影子。孟子反、子琴张不过是"临尸而歌"，来往于世俗事务之中，与佛教的出世有很远的距离。

庄子也有遁世的一面。《山木》篇说："以前我听道德至高的人说：'自我夸耀的人没有功绩，功成者必然毁败，名成者必然亏缺。'谁能舍弃功名而归于众人？大道流行而不彰显，德成于身而不炫耀；纯朴平常，同于愚狂；除去形迹抛弃权势，不追求功名。无求于人，人亦无求于我。"削迹捐势，隐姓埋名，自藏于民间，达到"陆沉"。这里面也透出了道不可言不可见的一面，当然也有人世险恶多艰的影子。

庄子还有顺世的一面。《山木》篇中，庄子说："我庄周将处在成材与不成材之间。成材与不成材之间，好像与大道相似，实则非也，也不能免于受牵累。若是顺乎自然而处世，就不是这样。既无赞誉也无毁谤，或如龙之显现，或如蛇之潜藏，随时变化，而不肯专主一端。时进时退，以与天地万物，游于万物之根源。主宰万物而不为物所役使，哪里会受到牵累呢？这就是神农、黄帝的处世态度。至于万物之私情、人世的习惯就不是这样：有相聚就有离散，有成就有毁，刚直则受挫，尊贵则遭非议，有作为就有亏缺，贤能就遭暗算，不肖就遭欺侮。怎么可能一定不受牵累呢？可悲呀！弟子们记住，只有道德是要归向的。弟子们，凡事顺任自然吧。”安时而处顺、知不可奈何而安之若命、顺于人而不失己，“形莫若就，心莫若和”。这种与世周旋的顺世态度，是与时俱化的表现，也透出不可抗拒的命运的影子。

庄子的超世、遁世、顺世是庄子处世态度的三个方面，而不是三种态度。庄子与“道”相辅而游的态度，在顺境、逆境、时命面前，表现为不同的形态。但是，“道”的境界却是一样的。庄子与人世间保持着距离，时而超然世外，时而潜藏于底，时而与世周旋，始终游离于人世间的中心，处于世俗的边缘；但又“独与天地精神相往来，而不傲倪于万物；不谴是非，以与世俗处”，生活于世俗社会之中，与世俗社会混而为一。这无疑是和庄子关于道的思想直接相关的。庄子相信，“道”是自本自根的存在，但也相信“道在屎溺”，而且人可得而游。在平凡的世俗生活中，“道无往而不在”，处处都彰显着“道”的光辉。有了“道”的依托，齐同万物、是非、生死、贵贱，破除是与非、彼与此的对待，将出世与入世的对立重新混同起来，超脱了世俗的严肃，换来了方外的和解。强调不要以太认真的态度对待世俗的对立和矛盾。这又是为什么呢？庄子明确意识到：人可以“无己”，但不能“无身”，只有“不谴是非”，才能与世俗相处，同时保持着超越的态度。道与俗之间，神奇与臭腐，相即而相离，不即亦不离，相互转化，但始终处于一种“游离”的关系。这种态度是庄子独有的。

《应帝王》中，浦衣子说，上古的泰氏，任人把自己称为马就是马，称为牛就是牛。这是一副无所谓的样子，与《人间世》中的蘧伯玉提出的“形莫若就，心莫若和”的游戏态度一样，表现了一种自嘲和荒诞不经。无独有偶，希腊犬儒学派的狄欧根尼，据说他住在一个桶里。亚历山大大帝见到，问他想要什么恩赐。他回答说：“只要你别挡住我的太阳光。”他曾经提着一个灯笼在城里游走，说："我在找一个真正诚实的人。"庄子学派愤世嫉俗，与狄欧根尼是一样严肃的。庄子热爱人生，追求理想，却不为世俗所宽容，故多忧患与愤激，免不了有时会有些玩世不恭的言论或行为，以表现他们愤激的心情，而不是以玩世相标榜。这与玩世不恭是有区别的。

他乡"游子"

庄子与屈原一样，都有一种"洁癖"，以为"世人皆醉我独醒"，不肯与世俗同流合污。于是，要么被"放逐"，要么主动地将自己"放逐"；世俗世界的一员，变成了"游子"。初唐时期，诗人陈子昂就有这样一种感怀："前不见古人，后不见来者。念天地之悠悠，独怆然而涕下。"伟大的心胸必然有伟大的寂寞。这种遗世独立的精神贵族感觉和清高追求，见于诗文，往往都是游子的"故乡"情思，主人公成了"他乡"的"游子"。

庄子他乡"游子"的形象，与屈原有些相似。屈原的《离骚》，以一个孤独的主人公，"路漫漫其修远兮，吾将上下而求索"，问天问地问神，终究找不到归宿，成为漂泊他乡的"游子"，无奈而投于汨罗江自尽。但是，庄子心中挂怀的不是某一具体的国家，而是一个抽象的、遥远的家园，这是一个永远不可企及却又充满着诱惑的家园，既让庄子痛苦，也让他怀有希望。只是屈原"哀人（民）生之多艰"溢于言表，而庄子似乎主要是"游戏污渎之中以自快"，追求个人的逍遥之乐。其实，根本上看，与屈原相比，庄子"生活于别处"，也并非是只为了自己，而是不愿苟同于"浊世"。"浊世"之"浊"，不只是人世间对庄子这样的读书人显得凶险，而主要是昏上乱相，无视百姓生命，穷兵黩武，欺世盗名，鱼肉百姓，使他感觉到不知何处是"故乡"。庄子的胸怀，与屈原一样忧世忧民，一腔悲悯情怀。但是，庄子的悲天悯人，又有几人知？

鲲鹏是庄子"游子"形象的重要象征。根本上说，说庄子的寓言是一种博大的思想，思想与寓言，是一而非二。不注意这一特点，就会出现许多误解。《庄子》一书，开篇推出一博大的形象，无论是巧合还是有意为之，都是有所寓意的。我们试作一些分析就可知道它的意义。北冥是遥远的地方，鲲来自北冥，大而至极，不知其几千里。为什么化而为鹏？文中没有交代，这是寓言。但是，我们联系《庄子》全书，何尝不可以说它与庄周梦蝶相似，是随物而化的形象？但外化而内不化，保持着自己的真性，怒而飞，飞于九万里高的天空，向着南冥而去，天空一片苍茫，无穷无尽。鲲脱胎换骨，化而为大鹏，由北冥游于南冥，何尝不是寻找自己的家园？这一寻找过程是费力的，要随物变化，乘云气，顺风势，借海动，历尽艰辛，上下求索。这就是一个孤独的“游子”形象。不过，鲲鹏形象，只是借物拟人。庄子理想中的游子形象，是至人、真人、圣人。

至人、真人几乎是《庄子》塑造的最独特的理想形象。至人最根本的是“无已”，丧失了世俗的“我”，是一个纯真的自我。这一自我形象，无功、无名、无已，与世俗的一切都割断了联系，成为一个孤独的自我。这一孤独的自我，游于他乡，望着故乡。至人的意义，就在永远没有终结的返归故乡的过程中。真人不拒绝微小，不自恃成功，不谋划事情，登高不发抖，入水不湿，入火不热，睡觉无梦，生死不惊，随自然而变化，游于天地之间，也是一个孤独的形象。庄子笔下的圣人，以体道的本真状态修身，以帝王的事业为闲事。神人几乎是一种寓言形象，功德无量，却像不是自己做的事，同样无意于世俗的功业。这样，至人、真人、圣人、神人，在庄子的笔端，都是游于世俗世界和理想世界的他乡游子。

其实，《庄子》一书中，他乡“游子”是一个群像，而不只是真人这些理想形象。子桑、子来、子祀、子舆甚至像原宪，都是像庄子一样的他乡“游子”。他们蔑视世俗礼法，视死生为一，无心而游，思念着理想的世界。他们是隐士，是庄子心目中现实的体道者的形象。至于像颜成子游这些修道者，跟着一定的先生悟道，也是游子的同路人。老聃、广成子一类的得道者，是庄子理想中的人物，是引导庄子游于他乡而回归故乡的导游。有了这些游士和导游，我们就能理解《庄子》的游子故乡之思了。

游子“故乡”情

游子的内心是矛盾的，思念“故乡”是痛苦的。具体的故乡，是可以返回的，但总是怕真的返回；抽象的故乡，永远到达不了，却不断地思念着，显得生命状态更为真实。

其实，这种感受，《庄子》中有过两处直接描写过。《则阳》篇就写了这种心情：自己的祖国和家乡，看到了心里就舒畅。即使是丘陵草木杂芜，被掩盖了十分之九，心里仍觉舒畅；何况是心里见到本来的样子。这就像大家面前的十仞之台一样看得明白。与其说故国旧都是抽象的远方，不如说是自己内在的真实本性。

《徐无鬼》篇也有近乎同样的片断。徐无鬼由女商介绍见魏武侯，徐无鬼说：“我试告诉你我的相狗术。”武侯听了很高兴地笑了。女商问：“先生究竟怎样使我的君主这么高兴呢？我们的君主按我的策略行事而大有功效的，不计其数，可我的君主却从未开口笑过。”徐无鬼说：“你没听过在越国流放的人吗？离开祖国不几天，看到所认识的人就高兴，离开祖国一个月，看见曾见过的人就喜欢；离开祖国一年，只要见到像是自己国家的人就高兴；难道不就是离开故国越久，思念也就越深吗？流落到空谷中的人，杂草塞满黄鼠狼往来的小径，长久居住在空谷，听到人走路的脚步声就高兴起来，又何况是兄弟亲戚在一旁说笑呢！很久了，没有人以纯真的语言在我君主的身旁谈笑了啊！”魏武侯久居宫中，听厌了诗书礼乐、攻城略地这些与自己本性无关的事，劳苦一国的人民，以奉养耳目鼻口的享乐，又想打着仁义的旗号而制止战争，弄得心神不宁。徐无鬼指出魏武侯为嗜欲所充斥，离开自己的本性太久了，故而给他讲一些相狗相马术这些符合人的本性的趣事，魏武侯就很高兴。这则寓言故事说明，每个人都有思念“故乡”的强烈愿望和真挚感情，“故乡”既远又近，近在自己的本性。

《缮性》篇末尾说：“丧己于物，失性于俗者，谓之倒置之民。”意思是说，人的内在本性为外在的物欲和欺诈所取代，人的真实本性不是丧失在物质欲望的追逐中，就是迷失在世俗之学如仁义礼智辩的追求中，倒悬人于世而不自知。为了物质欲望，人可以背弃自己的理想、诚信、责任和善良，而投身于名、利、权、势的争夺之中，上至人君的攻伐，下到个人的斤斤计较，完全成为名利的俘虏。儒、墨宣扬仁义圣智，岂不知这些已被盗人之国者所盗用，“诸侯之门，仁义存焉!”《骈拇》篇痛切地指出：自上古三代以下，天下的人没有不因追逐外物而错乱人的本性的。天下人都是为所求舍弃性命的。那些为求仁义而死的，世俗之人则称之为君子；为求货财而死的，世俗之人则称之为小人。为所求而死是一样的，有的称君子，有的称小人；假如就残生损性来看，则盗跖也就是伯夷，在他们之间又从何选择君子和小人呢？究其原因，都是追逐名利，迷惑于仁义所致。这段关于丧己迷性的痛切反思是痛快淋漓的，发人深省。

庄子的游子“故乡”情，让人想到了唐代诗人崔颢的《黄鹤楼》：“昔人已乘黄鹤去，此地空余黄鹤楼。黄鹤一去不复返，白云千载空悠悠。晴川历历汉阳树，芳草萋萋鹦鹉洲。日暮乡关何处是？烟波江上使人愁。”何时能不再“烟波江上使人愁”呢？

第 4 章

齐物论

齐物论是庄子的基本思想之一。什么是齐物论？用现代用语，就是相对主义，认为事物、是非之间的区别是相对的。据《天下》篇说，庄子的齐物论可能受到彭蒙、田骈、慎到“齐万物以为首”思想的影响。庄子生逢乱世，深切地体会到政治的黑暗、战争的残酷、社会的凶险、是非的烦扰、生存的艰难，力图跳出进退维谷的是非之境。于是，他齐万物、等贵贱、一死生、和是非，打破世俗“成心”，追求“道通为一”，走向了相对主义和怀疑论。

一、人类的局限

人的生命是有限的，标准不一，自以为是，而且时过境迁，物是人非，人类的这些困境，使人类强执是非、彼此、贵贱，看不到万物方生方死的相对性。欧洲近代哲学之父、英国哲学家培根将人的局限根据为“四种假象”：一是种族假象，即人类先天的局限；二是洞穴假象，即个人坐井观天；三是市场假象，即语言表达形成了局限；四是剧场假象，各种思想学说误导了人。这种反思是异常深刻的。庄子的反思，同样有特色。

谁知天下正色

人的认识能力是有限的。《知北游》篇的末尾叹息道，多么可悲啊，世人之心只是为悲哀欢乐提供的旅舍罢了！他们只知所遭遇到的，不知所未曾遭遇到的；只能做到力所能及的，不能做到力所不及的。有所不知有所不能，本来就是人所不能避免的。那些人强求避免人所不能避免的方面，岂不也是可悲的！

庄子想得更远。他反问道：人睡在潮湿的地方腰痛，泥鳅整天在泥潭中打滚为什么腰不痛？鸟在树上过夜，人在树上过夜你试试，不掉下来才怪！你说人住的地方一定就好，泥鳅、鸟雀待在泥中、树上就不好？安居之处有一定标准吗？这是很难说的事情。

《至乐》篇有一则寓言故事，很能说明这个问题。从前有一只海鸟飞落在鲁国都城的郊外，鲁侯把它迎进太庙，用酒宴招待，演奏九韶之乐去欢迎它，设太牢之宴招待它。而这只鸟却头晕目眩忧愁悲苦，不敢吃一块肉，不敢饮一杯酒，三天就死了。这是用养己的方式去养鸟，不是用养鸟的方式去养鸟。用养鸟的方式养鸟，应该让它栖息在深林中，漫游在沙洲荒岛，浮沉于江湖水面，捕食泥鳅等小鱼，随鸟群行列飞行与留止，从容而自如地生活着。鸟最厌恶听到人的声音，何以还要做这些喧闹嘈杂之事啊！咸池、九韶一类乐曲，演奏在广漠的旷野，鸟听了要飞去，兽听了要逃跑，鱼听了要潜入水底，人众听了，相互环绕观看。鱼在水里而得生，人在水里就要死。它们必定是相互各异的，故而它们的好恶不同。上古圣人依据人不同能力，使治不同事宜。名只限于与实相符，义理之设要适宜于性，这就叫条理通达而又保持福德。不是这只鸟太不识抬举，而是鲁侯有些自作多情。鸟兽有鸟兽之道，人有人之道，品味与视角、标准是根本不同的，为什么一定要按人类的标准来要求鸟兽呢？用我们今天的时髦术语来说，鲁侯有些人类中心主义了，不了解自然界本身的内在价值。我们只知人与人的交往，不知人与物的交往；我们知道以人的方式对待物，不知道以物的方式对待物；我们能平等待人，在物面前却以主人自居，把物看成没有价值的消费品，随意驱使；我们连自己的局限都不想正视，更不要说尊重其他生物的感受和视角了。这就是庄子提醒我们的人类悲剧。如果大家看看美国学者梭罗以亲身体验写下的《瓦尔登湖》，罗尔斯顿以理性思辨写下的《哲学走向荒野》，感受到人类荒野的内在价值，我们就会为庄子的广阔视野而骄傲。

正如培根所说，假象有种族的，也有洞穴的。洞穴假象是个人造成的，克服起来还容易些，而种族假象是群体的，与社会的利害相连，克服起来就要伤筋动骨了。在西方古代，流行托勒密的地心说。哥白尼冒着很大风险，提出日心说。没有想到，布鲁诺为了推广日心说，进而提出了无中心观念，将人类这种自大的毛病揭了出来，竟然被宗教裁判所处以火刑。我们在日常生活中，长辈或老师指出别人的错误和缺点，才会被接受，朋友善意的提醒也要看在什么场合，同辈相互批评，往往会引发意气之争，晚辈后生对前辈的批评，往往被视为狂妄。这种批评虽难，但不会产生过分严重的后果。一个国家、民族、社会，如无视自己的局限，后果就严重多了。但是，真理不因为权力而萎缩，新的思想理论总会如雨后春笋般涌现。为了真理产生得更轻松些，我们听听庄子的意见吧。

自贵而相贱

“仁者见仁，智者见智。”自贵而相贱，似乎是人类的通病。《在宥》篇说，世俗的人，党同而伐异，是高出众人之上的心理在作怪。治理国家的大人物，只是借取三代治国有利的方面而未见其害，就胡乱运用。这样做能使国家得以保全的不到万分之一，沦于灭亡的却是一万多次也不会有一次幸免。“自贵而相贱”这一人类通病，不只是给人类带来错误的认识，更给无辜的百姓酿成无尽的血灾和痛苦。这是《庄子》最为痛心疾首的。

《庄子》一书中，描述自贵而相贱的地方，比比皆是。第一，小自贵而笑大。《逍遥游》中，蜩、学鸠等小鸟笑大鹏展翅高飞九万里。这真是陈胜当年叹息的“燕雀安知鸿鹄之志哉！”第二，浊自贵而笑洁。惠子为权位所役，不以之为“腐鼠”，反而吓唬庄子。浊者自浊，不知其浊，反以笑洁。娼笑良、贪笑廉，世道如斯！第三，富自贵而笑贫。《列御寇》中的两则因得车而笑庄子的故事。曹商见秦王得车而笑庄子，有人见宋王得车而炫耀于庄子。富而傲贫，似乎是世之常态，于今为烈。其不自惭而自怜，真是可悲！第四，君自贵而笑臣。《徐无鬼》中，魏武侯见道之士徐无鬼而问他是不是来求酒肉。无独有偶，庄子见魏王，也被魏王嘲笑其疲惫。历史上不是有皇帝问过灾民没有粮吃为什么不吃肉的笑谈吗？第五，以势自贵而笑德、以全自贵而笑残。《德充符》篇有则寓言故事。申徒嘉是被断去一只脚的人，他和郑国的执政子产都拜伯昏无人为师。子产不愿与申徒嘉同出同入。申徒嘉说：“处在后羿的靶心，进入了必中的境地。然而有时却没有被射中，那就是命。你和我以道德相处，这不是太过分了吗？”第六，大智自贵而笑小智。《逍遥游》写道，宋荣子不以外界的毁誉动心，但与列御寇能够驾着风轻妙地行走，还是差了许多，却笑那些才智能胜任一官之职者，岂不是五十步笑百步？第七，生自贵而笑死。《至乐》篇中有一则寓言说，骷髅以劝其复活者为可笑。庄子齐生死，以生死为气之聚散，故而不以生傲死。第八，有用自贵而笑无用。《人间世》中，匠石笑土神栎树。在庄子看来，世俗之用不足以保身，世俗小知不足以得道，无用之用乃大用。第九，不知自贵而笑知。《逍遥游》有则寓言说，肩吾认为接舆关于藐姑射山神人不食五谷、吸风饮露的话不近人情。连叔说："瞎子没有办法与他欣赏文采，聋子没办法同他欣赏乐声。心智上也有聋子和瞎子啊！"心智上有聋、盲，太深刻了。第十，百家自贵而相贱。《徐无鬼》篇有庄子与惠子的辩论。庄子说："射箭的人不按预定的目标而中，把他称为善射，天下的人就都是后羿了，可以这样说吗?"惠施说："可以。"庄子说："天下没有公认的标准，而各以自己为正确，天下的人就都是尧了，可以这样说吗?"惠施说："可以。"庄子说："儒、墨、杨、公孙龙四家，和先生为五家，究竟谁正确呢?"没有标准而争论，徒增烦扰。诸如此类的自贵而相贱，《庄子》中不胜枚举。

"自贵而相贱"，只能是自以为是。只有顺应大道，随物变化，掌握万物齐一的道理，才能脱出困境。

生命有限

生命有限，人生苦短。人生天地之间，如阳光照过小缝隙，忽然之间而已。白天要吃饭休闲，晚上又必须休息；一年有四季，冬天太冷，春天犯困，夏天酷暑难耐，秋天见落叶而伤怀。我们站在人类的立场上将自己看成了宇宙的中心，但其实只是茫茫宇宙中的沧海一粟，再渺小不过了。如此渺小之物去了解无限的茫茫宇宙，岂不是如螳臂挡车一般可笑?如秦始皇、汉武帝之流寻找不死之药一样可笑吗?《养生主》篇，直接揭示了人类的这一困境：生命是有限的，而知识是无限的。要想用有限的生命去追求无限的知识，就会很疲倦。明知如此，仍要孜孜以求地追求知识，那就会更疲倦。这种困境，叫小智不及大智，小年不及大年。

《逍遥游》篇，明确地提出了小智不及大智的问题。才智小的不了解才智大的，寿命短的不了解寿命长的。怎么知道是这样呢？庄子说，生命只有一个早晨的菌类植物，不可能知道一昼夜的时光。生命只有一个夏季或一个秋季的寒蝉，不会知道什么是一年。这就是“小年”。楚国南面的乌龟冥灵，以五百年为一个春季，以五百年为一个秋季；远古时代有一种大椿树，以八千年为一个春季，八千年为一个秋季。这就是大年。而彭祖至今还以长寿著称于世，众人都想与他比寿，不是很可悲吗？庄子以宇宙眼光，突出人类中心眼光的可悲，发人深省。

《秋水》篇也有同样的感叹。海神教训河神说：人所知道的，不如他所不知道的为多；人生在世时间，不如其未生之时长；以其极有限的智慧和极短暂的生命想穷尽对无限宇宙的认识，故而陷入迷惑昏乱而茫无所得。由此看来，从哪里可以知道毫末足以定为极小的界限呢？又从哪里可以知道天地足以穷尽至大之范围呢？井里的青蛙不可以和它谈论大海，因为它被所生活的水井所限；夏天的虫类不可以同它谈冰，因其被季节所困；见识褊狭孤陋寡闻的人，不可以同他论大道，因其为所受教育束缚。现在你走出河流两岸，看见无边的大海，知道了自己的鄙陋，就可以同你讲说大道理了。中国在四海之内，不也就像一粒米在大谷仓中一样吗？称呼物的数量叫作万，人只居其中之一；人住满九州之地，凡谷物可以生长、舟车可以通行之处，皆有人居，个人只是众人之一；人与万物相比，不也就像一根绒毛末梢在马身上一样微小吗？伯夷辞让以博得好名声，仲尼谈论以显示博学，这种自满自足，不就像你以前自夸黄河之水为多一样吗？人类还有什么可以骄傲自满的呢？海神的这一番大小之论，揭示了人类的渺小。

庄子叹息生命的有限和人类的渺小，比我们今天膨胀于人类自我中心的狂妄，要高明得多。古人的发明创造、科学知识往往是用生命换取的，当代的重大发现和科学成果，是用巨大的经济投入换来的，尽管如此，这些科学成果也是非常有限的，同样充满了局限和错误。人类生命的有限和知识的局限，一再地提醒我们，人类是在不断地试错中前进的，人类所犯的错误，远远多于人类所获得的真理。我们要获得的真理，也只能是近似正确的认识，也只能靠一代又一代人不断努力和积累，逐渐接近宇宙万物。

另外，《庄子》还讲了人类"贵贱有时"的局限。《秋水》篇提出了"贵贱有时"的问题。海神对河神说，同样是王位，五帝时代就能禅让，夏商周三代，却要争夺。尧舜禅让而为帝，燕王子之让其位于哙而灭绝；汤武争夺而称王，白公胜争夺而灭亡。争让之礼，尧桀之行，"贵贱有时"。刍狗在未陈列之前，用竹箱子装起来，用绣有纹饰的盖巾覆盖着，尸祝斋戒之后将其送上祭坛。等到陈列完后，打柴人就当柴烧了。古代的差异就像陆地和水上，水上行船，陆上通车。要求车行水上，船行地面，这无异于东施效颦、让猿猴穿上周公的衣服一样。"礼义法度者，应时而变者也"，它们的价值是相对的，随着历史变化而变化。这是一种相对主义观点。

二、万物相对

齐物论的根本，就是视万物的大小、长短、死生、美丑、彼此、是非、物我、天人等对待是相对的，分辨这些对待是没有意义的。

齐万物

庄子认为，一切事物都是相对的，万物的差别是相对的。陷于这种分辨大小、长短、死生、美丑、彼此、是非的对待之中，只会困惑烦恼，迷失自己，痛苦不堪。与其赞美尧而指责桀，不如相忘于是非。

先看大小、长短的相对性。《齐物论》强调："天下莫大于秋毫之末，而泰山为小；莫寿于殇子，而彭祖为夭。"要说秋毫之末为小，其实像尘埃、游气之类世上比它还小的东西多得是，为什么就以它为最小呢？要说泰山是最大的，泰山难道比天地还大？你说夭折的婴儿短命，难道没有比夭折的婴儿更短命的？你说彭祖长寿，与以八千岁为春、八千岁为秋的大椿相比，岂不短命得可笑！在庄子看来，长短、大小的差别是相对的。在一定的条件下，事物的区别和界限是不容忽视的。这一点庄子当然明白。然而，庄子的用意不是为了比较现实事物的大小、寿夭，让人局限在感觉领域，从表面上比较事物数量上的差别，而是为了扩展人的视野，突破现实世界中的时空界限，将束缚于常识的心灵从闭锁的时空中解放出来，通过思考认识到一切时间、空间中事物的大小、久暂都是相对的、相比较而言的。明白天地可看作像一粒细米般小，一根毫毛末梢可看作像丘山般大，则万物差别的相对性就看清楚了。天地与我们是并生的，万物与我们是齐一的；一根小草茎，与一根柱子，从道的观点来看难道不是一样的？有分别吗？

再看生灭、成毁、分不分的相对性。《齐物论》说，任何事物都是随生随灭、随灭随生的。刚说可，就转向不可了；刚说不可，就转向可了。事物的生灭变化，完全是相对的。一物产生，同时意味着灭亡，既是他事物的灭亡，也是该事物走向灭亡。生灭之间，相依相生。事物的生灭，不过是气的聚散。

万物总体的分就是众体的成，新事物的成又是旧事物的毁。总体来看，万事万物，无所谓成与毁、生与灭、满与亏、分与不分了，都归于一个整体了。事物的生生灭灭，成毁盈亏，分分合合，整体来看，并没有什么不同，也无所谓得失离散，都归于万物的变化之流中去了。事物从无到有，故而有了差别，但同时是从有到无，也就没有了差别。就宇宙的变化来看，我们如果认为宇宙有它的开始，那就有它未曾开始的开始，更有它的未曾开始的未曾开始的开始。这样探讨下去，能说出它的终始吗？这就是从大道的观点看到的事物生灭变化的相对性。

事物的性质也是相对的。《齐物论》说，肯定自有肯定的道理，否定自有否定的道理。道路是人走出来的，事物的名称是人叫出来的，怎样才算对的？对的就是对的；怎样算是不对的？不对的就是不对的。万物各有其存在的依据，万物各有其合理性，没有什么事物是不对的，没有什么事物是不可肯定的。这就是否定的辩证法。莎士比亚的戏剧《威尼斯商人》中，鲍西亚就懂得这个道理，她为解救男友安东尼奥，女扮男装，走上法庭，抓住夏洛克合同上到期不能还款要割一磅肉作赔的条款的破绽，指出既写明割一磅肉，就意味着割肉不能多也不能少于一磅及不能流血，巧妙地击败了夏洛克的阴险和毒辣。这就是可与不可、然与不然的相对性和辩证法。

美丑的相对性是说事物价值的相对性。我们常说情人眼里出西施。法国谚语说，趣味无争辩。庄子指出，世人都说厉很丑，西施很美，一定是这样吗？毛嫱、丽姬是最漂亮的了，谁见了都会驻足观望，想多看几眼，但是，鸟和鱼喜欢她们吗？鸟见她们过来了，迅速高高飞起，鱼见到她们来到河边，都四散潜逃。美与丑真就有那么大差别吗？德国哲学家康德曾说，恋爱中的青年，见不到情人脸上有个大的疤痕，反而不习惯了。这可能就是我们常说的爱屋及乌吧。用心理学的语言说，叫晕轮效应。《山木》篇记载了一则有趣的故事。杨朱去宋国，寄宿在旅店里。旅店主人有两个小妾，其中一个漂亮，一个丑陋，丑陋的被尊崇，漂亮的被轻贱。杨朱问其缘故，店主人回答说："那个漂亮的自以为很漂亮，我却不知她哪儿漂亮；那个丑陋的自以为丑陋，我却不知她哪儿丑陋。"唉，难怪庄子感叹美丑的相对性，原来美丑的区别是这么经不起推敲啊！

事物的关系也是相对性的。事物间的关系，可以用彼与此（是）来表达。彼此是人对相互对待的事物之间的称谓。叫这一方为此，另一方就是彼了。彼、此之间，是相对而言的。宇宙间的事物没有不是彼的，也没有不是此的，从彼方看不见此方，从此方来看就知道了。所以说，彼方是出于此方，此方也依存于彼方。彼此是相生相成的。见仁见智，而有了是非。彼有一个是非，此也有一个是非，果真有彼此之分吗？果真无彼此之分吗？如果这样，是非之争就无穷无尽了。在庄子看来，名家公孙龙争论"白马非马""指非指"，非要把事物与事物的概念区分开来、把称谓与所称谓的对象区别清楚，这有必要吗？一定要区分吗？如果任何事物都有个概念的话，那么，我们未尝不可以说，其实天地之大不过就是一"指"，事物千差万别，只不过就是一"马"而已。所以，庄子说，这些区分，不过是将"朝三暮四"换成了"朝四暮三"而已，有什么意义呢？

和是非

《齐物论》明确提出"是非"是相对的，所谓的"是非"，不过是"成心"在作怪。

战国时期，"七雄争霸"，伴以"百家争鸣"。百家争鸣，以儒、墨两家"显学"为代表。谁是谁非呢？庄子对此作了深入的思考。《齐物论》说，大道从来是没有界限的，言论从来是没有定准的，为了争一个“是”字，才有了差别的界限。圣人把“存而不论”“论而不议”“议而不争”的观点藏在心中不让别人知道，百家争鸣的众人却争辩不休而相互夸耀以自胜。这样的辩论只能是各执一词，自以为是。这些见解和主张都是片面的；代表这些主张的言论，必然都是错误的。后期墨家称这个论点为“言尽悖”，并且提出了批判。

这些争辩有意义吗？《齐物论》批判了无谓的争论。大意是说，假使我跟你辩，你胜了我，我不胜你，这就能证明你的意见一定正确吗？我胜了你，你不胜我，这就能证明我的意见一定正确吗？或者你我中间，有一个人的意见是正确的，或者都是正确的，或者都是不正确的，我跟你都不能决定。叫谁决定呢？叫跟你的意见相同的人来决定，既然跟你的意见相同，怎么能决定？叫跟我的意见相同的人来决定，既然跟我的意见相同，怎么能决定？叫跟你、我的意见都不同的人来决定，既然跟你、我的意见都不同，怎么能决定？叫跟你、我的意见都相同的人来决定，既然跟你、我的意见都相同，怎么能决定？我、你和第三者都不能互相了解，这还需要找第四个人吗？人的见解和主张都是一偏之见，但自以为是，以别人为非。既然认识都是相对的，也很难说谁的意见是正确的。辩论仅能使各方面继续发挥其一偏之见，并不能决定是非。后期墨家称这个论点为“辩无胜”，并且提出了批判。有人批判庄子的这一观点，以为是不可知论，否定了认识和真理的标准。其实，当代学者张恒寿在《庄子新探》中就说，庄子只是就认识本身的范围分析这一问题，强调人不能成为是非的标准，让我们轻易不要盲目相信什么权威，以他们的言论为是非标准。

是与非的标准是相对的，知与不知的标准也值得怀疑。啮缺问王倪说：“你知道万物有共同的标准吗？”王倪回答说：“我怎么知道这些呢！”啮缺又问说：“你知道你所不明白的东西吗？”王倪说：“我怎么知道呢！”自以为有知的人，如果认真地反省一下，就觉得自己也搞不清究竟是有知还是无知。知与不知的标准真的就不值得怀疑吗？养猕猴的人在分给猕猴橡子时说：“早晨三升而晚上四升。”所有的猴子都非常愤怒。老人又说：“那么就早晨四升而晚上三升吧。”所有的猴子都非常高兴。名实未变而喜怒不同，知与不知，也不过“朝三暮四”罢了。

在庄子看来，言论不是吹风，发表言论的人都有所说的内容，但他们的言论又都自以为得当而不能有定论。道的本质隐蔽在片面认识的后面，言论的性质隐蔽在花言巧语之中，因而才有儒墨显学的是非之争，他们都各自肯定对方之所非，而非议对方之所是。与其这样，不如以空明的心境去反映事物的实情，也就是所谓“以明”。

等贵贱

《秋水》篇明确提出：“以道观之，物无贵贱。”海神说：“从大道来观察，万物没有贵贱之分。从万物自身角度观察，物各自以为贵而以对方为贱。以世俗通行观念观察，物之贵贱决定于外而不在自身。从物的差别性观察，如果从大的方面把它视为大，则万物莫不是大的；如果从其小的方面把它视为小，则万物无不是小的。明白天地可看作像一粒细米般小，一根毫毛末梢可看作像丘山般大，则万物差别的相对性就看清楚了。从物之功效观察，顺着其具有功效一面看，万物莫不有功效；顺着其不具功效一面看，则万物莫不无功效。明白东与西方向相反又不可相互缺少的道理，则万物的功能职分就确定下来了。从万物的趋向观察，顺其以为对的一面把它视为对，则万物莫不是对的；顺其以为错的一面把它看成错，则万物莫不是错的。明白尧与桀的自以为是，而互以对方为非，则志向之不同就看清楚了。”庄子一口气连用了六种分析视角，明确了同一事物，从不同方面可以看到它的不同方面的特性；万物有不同的特性，各有所长，各有所短，不能以贵贱论事物。

庄子有意无意之间，打破了君尊臣卑这种贵贱观念，把这一观念看成纯偶然的现象。中国古代是贵族社会，贵贱是社会的基本等级。臣子对君主行三跪九叩大礼，等级森严，习以为常。《人间世》篇说，臣之于君，子之于父，无所逃于天地之间，似乎君臣、父子关系是永恒的。但是，在《齐物论》篇，庄子借长梧子的口，剖析了这种关系，指出了君臣关系的暂时性和偶然性。长梧子说，何不依傍着日月，挟持着天地，与天地万物合为一体，任凭是非杂乱不齐，把奴仆同样看作尊贵的人。那些世俗的人们劳苦不休地追求知识，圣人则表现为愚昧无知的样子，混同历代变异而不为是非所乱。万物都是如此，而互相蕴含于齐一之中。只有特别清醒的人才知道人生是一场大梦，而愚昧无知的人，自以为很清醒，表现出明察一切的样子，觉得他什么都知道。什么君主啊，什么臣子啊，太浅陋了！在长梧子看来，站在大道的立场上，什么尊卑、贵贱、君臣，原来是偶然相遇而成的，没有什么不变的东西；人生如梦，为什么要死守着那君贵臣贱的教条而百般迷信呢？《齐物论》形象地说，一百个骨节，九个孔穴，六个内脏，都兼备地存在我的身上，我和哪个最亲近呢？你都喜欢它们呢，还是有所偏爱呢？如此不是都把它们当成臣妾了吗？它们是臣妾就不能相互支配吗？还是让他们轮流做君臣呢？难道果然另有真君存在吗？庄子在不经意之间，将互为君臣的道理透露了出来，撕开了君主尊贵的面纱。尽管庄子的说法是思辨的，但其意义是深刻的。《庄子》外篇中，如《马蹄》《骈拇》《胠箧》等，它们的基本倾向就是无君论，即对君主的批判和否定。这一思想，影响到了魏晋六朝时期的思想。范缜被质问到何以贵贱时说，人的命就像同一棵树上的花一样，一阵风刮来，有的被刮到了座席之上，有的被刮到了粪坑中，故而有贵贱的差别。他的这一说法，就是来自庄子的等贵贱思想。

三、以道观之

事物之间的是非、彼此、生灭、美丑是相对的，如何能不执迷于是非、彼此对待之中而归于大道，获得真知呢？

破成心

人居天地之间，如沧海一粟，能力何其有限。宇宙茫茫，人生苦短。然而，多少人还是纠结于是非之中，没有穷尽，苦不堪言而不自知，真是悲剧！

《庚桑楚》篇有一个很有意思的细节。走在大街上，你不小心踩了市人的脚，得说声道歉的话；兄长踩了弟弟的脚，则出言安慰一下；父母踩了子女的脚，就不必多说什么了。踩了市人的脚为什么要道歉？因为互不认识，对方会以为你是成心的，当然会生气。解释清楚了，的确不是成心的，就会消除误会。哥哥踩了弟弟的脚，肯定不是成心的。父母踩了儿女的脚，根本不可能是成心的。书从架子上掉下来砸了你的脚，你会和书生气吗？成心的就生气，不是成心的就不生气，关系远的是成心的，关系近的就不是成心的，人与人之间，原来是“成心”在作怪。

《山木》篇也观察得非常细致。把船并起来渡河，对面有只空船撞上来，虽有性急的人也不会发怒。有一个人在船上，就一定要呼喊他撑开或靠拢过来。一次呼喊没有听到，再次呼喊还没听到，三次呼喊，就一定是恶声恶气地责骂起来。起先不怒而今恼怒，因为起先是空船，而今是有人在上面。空船上面没有人，谈不上是“成心”的；一旦有了人，还不撑开，就难免被人看作“成心”的了。因此，是非、利害之争，都由“成心”或“我”而起。

《齐物论》中，“成心”就是我们所分析的分别大小、长短、贵贱、是非、彼此的分别之“心”。在庄子看来，万物齐、贵贱等、是非同、死生一，本不该强加分别的。但诸子百家别同异、离坚白，各以其是而非其所非，世人也自是而相非，结果烦扰不已，心身俱困，追逐外物奔驰而不能止步；如此人生，我们不常说是行尸走肉吗？谁都想按自己的标准而活着，那么谁没有一个标准呢？每个人都执着于自己的是非标准，什么标准才算真正的是非标准呢？人类的是非、利害之争，全由“成心”而起。

人心是复杂的，神秘莫测。一方面，人心内、外不一。《列御寇》篇中有孔子的一段议论：“人心比山川险恶，比知天还困难；天还有春夏秋冬早晚，人却容貌敦厚而性情深沉。”另一方面，人心变化莫测。《在宥》篇借老子之口，描绘了人心的情态：“人心，压抑它就消沉，抬举它就得意，这一压一抬之间就会对人心形成束缚和伤害，就能把刚烈软化为顺从。有棱角的人易遭受折磨，使其性时而暴躁如火，时而恐惧如冰，变化莫测，瞬息之间往来于四海之外，其居处如深渊般静默，其动如腾跃而高飞，无所不在。强傲而不可束缚，就是人心啊！”《庚桑楚》篇中，还有比这更细致的分析。尊贵、富有、高显、尊严、功名、利禄，这六者都是缠扰心志的；姿容、举动、颜色、辞理、气息、情意，这六者是束缚心灵的；憎恶、爱欲、欢喜、愤怒、悲哀、快乐，这六者都是德性的负担；舍弃、趋从、贪取、给予、知虑、本领六者，都是堵塞大道的，上述“四六”就是人类“成心”的具体内容。有了这些“成心”，贤者隐居在险岩深谷之中，万乘之君忧愁惊惧于朝廷之上，而儒墨之徒仍然翘足举臂于戴枷锁的囚徒中间。破除“成心”，抛弃聪明智巧，天下才能大治。

人类的烦扰由“成心”而起，那么，只有破除了“成心”，消除了是非对待，才能跳出疲役状态。只有消解意志的错乱，解除心灵的束缚，除去道德的负担，贯通大道的障碍，才能达到心灵的澄明之境；“四六”不在胸中激荡就能平正，心神平正就安静，安静就明达，明达就空虚，空虚就无为而无所不为，不会执着于是非。

莫若以明

人陷溺于“成心”，争夺于名利，争辩于是非，社会混乱于上，个人疲惫于下。有什么办法才能从“成心”中脱离而出呢？《齐物论》提供的方法就是“莫若以明”。与“莫若以明”同类的概念，还有“照之于天”“和之以天钧”“和之以天倪”“两行”“道枢”等。它们的基本意思是相同的，只是侧重点不同。

世间事物，彼此、是非，忽生忽灭，何以能得真知？“圣人不由而照之于天”，“天”就是自然，即事物的本然状态。圣人超出世俗的彼此、是非的界限，观照事物的本然，也就是顺着事物之自然的道理，让彼此、是非不断地流动起来，就像一个圆环一样，应对是非、彼此无穷的变化。这就是“道枢”。所以说，不如用明镜般的心境去观照事物的实际状态。这就叫“莫若以明”。“大道不称，大辩不言。”大道是不能用普通的言语来称说的。对彼此、是非、美丑之类的争论，圣人不用称辩去夸耀教训人，而是借助于事物本身功用的相对性进行开导。这是从道的方面表现出来的“莫若以明”。

就事物本身的自然状态而言，彼此、是非、美丑的分别，并未对事物本身产生什么实质上的影响。就事物的生灭、分合变化来看，不过是新旧变化、彼此变化而已，总体上也是没有变化的。因此，《齐物论》举了“朝三暮四”的道理，说明事实的“名实未亏而喜怒为用”，喜怒之用显然是不合乎事物的本然的。因此，圣人破除了这种是非、彼此的对立和争论，用事物的自然均衡状态来平息这些争论，让彼此、是非归于自然的变化之中。这就叫“两行”。“天倪”是指自然的变化，“天钧”指自然的均衡状态。二者的角度稍有不同。所以，《寓言》篇说：“天钧者，天倪也。”

如何才能实现“莫若以明”？《齐物论》中，庄子提出了“吾丧我”的方法，目的就在于破除“成心”，打破自我中心。南郭子綦靠几静坐，仰面朝天，缓慢吐气，形体木然，仿佛精神脱离了身躯。颜成子游立侍于前，问道：“怎么这个样子啊？形体安定本来可以使它像枯干的树木，而精神岂能可以使它像熄灭的灰烬呢？你现在靠几而坐的情况，不是你过去靠几而坐的情况了。”子綦回答说：“我的精神忘记了我的形体——一个褊狭的我，你知道吗？你听到过人造的箫声，却没听到过地上自然形成的音响，你听到过地上自然形成的音响，却没听到过天空中自然形成的音响吧！”子游说：“请问天空中自然的音响是怎么回事呢？”子綦说：“风吹万窍而声音不同，然而使它们发作或停止的都是它们自己。都是自然状态所致，发动它们的还能是谁呢！”一切皆出于自然，而不是出于“我”的“成心”，开放和本真的“吾”只有放弃偏执、独断和自以为是的“我”才会体会和闻到真正的地籁和天籁，才能体会宇宙、体会到天籁的美妙、体会到自身的人类处境，真正消除“成心”，达到“莫若以明”。

顺任物化

事物有是非、彼此的争论，根本是由于“成心”，即由于“我”的存在。如果破除了物、我的对待，就会齐物齐论，与物同化、与道同游。

这一问题庄子早就提出来了。就物、我关系来说，依我而有了物，依物而有我，我与物是相互依存的。若站在“道枢”的立场来看，物变为我，我变化为物，循环往复，什么是物？什么是我？在物我变化中，有一个“真我”存在吗？没有了“真我”，还有物、我关系吗？好像有个“真我”，但看不见它的迹象；又似乎可以从它的踪迹中得到一些信息，却看不到它的形体；它是真实可信的，却没有具体的形象。

《齐物论》借罔两问影的寓言讨论了这一问题。影子的影子罔两问影子说：“你一会走，一会停；刚才你坐着，现在又站起来。为什么你不能有独立的样子呢？”影子回答说：“我是有所依赖才这样的吗？我所依赖的东西又有所依赖。我依赖蛇腹下的鳞皮和蝉的翅膀才这样的吗？我怎能知道为什么会是这样的？我怎能知道为什么不会是这样的？”罔两依影子，影子依赖蛇蚹、蜩翼，蛇蚹、蜩翼依赖蛇、蜩，蛇、蜩依赖形体，形体依赖气，如此往复，没有穷尽。《知北游》中说，凡昭明显著之物都生于暗昧混沌，有形之物生于无形，精气从道生出，形体生于精气，万物以形体相生。事物形体的变化，是没有穷尽的。顺应物化，就符合大道了。

“我”如何顺应物之形而生？庄周梦蝶的寓言，充分说明了“物化”的道理。庄周梦见自己变为蝴蝶，翩翩起舞，感到很愉快。顷刻间觉醒了，不禁问：是庄周变成了蝴蝶呢，还是蝴蝶变为庄周呢？庄周和蝴蝶是有区别的，然后却相互变化。这种物、我的变化就叫作“物化”。庄周与蝴蝶在梦中以形相生相化，但庄周与蝴蝶有分别吗？如果庄周没有了“真宰”，还能叫庄周梦为蝴蝶吗？变之中有不变者存。这就是“真我”的存在。消失的是“成心”的“我”，存留的是“真我”。

庄子进一步认为，“物化”是“外化而内不化”。《知北游》篇说，古代的人随物变化而内心安定不变，现今之人内心游移不定而又执滞外物不能顺应其变化。能随顺外物变化的，一定是内心淡漠安定之人。不管是变化还是不变，都能习惯自处，习惯与其相顺应，参与变化而不加增益。称得上君子之人，就是有儒墨那样的对立，也能使其是非相互调和，何况是对待今人之争论呢！换句话说，随物变化而保持内心的宁静，与物相处而不伤害，喜怒哀乐不入于胸次，这才是真正的“外化而内不化”。《大宗师》篇子来等安于生死而顺任变化，就是典型的“外化而内不化”的例子。由此来看，“内不化”者，不过是指内心的宁静。

庄子说：“其生也天行；其死也，物化。”天行就是“物化”，即万物的自生自化。但它更指生命的转化以及生命之循环无端，如庄子梦蝶、子来顺任物化而死等。在庄子看来，万物齐一，生死不过是生灭循环中的一个环节，就某一环来看，生与死是有分别的，就整个大循环过程来看，生与死是相互转化而为一的，没有什么分别。这就叫“物化”。就宇宙生命来看，“万物皆出于机，皆入于机。”物种从微小的生物开始，然后化为细草、青苔，由植物而动物，由动物而人类，人死了又化为微生物，如此周而复始，无穷无尽。因此，顺任物化，是非、彼此的分别，也就会在“物化”中流于无形。

第 5 章

道的境界

“道”是道家的根本。按照现代学者韦政通先生的看法，老子和庄子的形而上学都是以“道”为基本概念，有本体论的意义，也有宇宙论的意义。只是老子更多地诉诸概念思辨，庄子主要是诉诸主观的体验和描述；老子发展的重点在政治、社会，庄子发展的重点在个体的人生；老子只是注意到虚静无欲的工夫，庄学最重要、最精彩的就是修养工夫的理论化以及心灵世界的开发；强烈的反抗情绪，使老子向往一个原始型的单纯社会，使庄子追求一个超越而又和谐的人生境界。一句话，庄子的思想是一种生命哲学，庄子的道是一种生命境界。没有道的境界，逍遥游以何为归宿？

一、道通为一

老子的“道”，具有明显的宇宙论、本体论意义，似乎是一个独立于天、地、人的宇宙本根，人充其量也只能“闻道”而已。庄子的“道”却无处不在，与万物通而为一，人可得道而与之游，甚至相辅而行。根本上说，是与《庄子》关于“道在屎溺”的理念和超越名言是非的齐物论、去“成心”的方法直接相关的。

自本自根

“道”在《庄子》一书中，出现了不下三百二十次，其意义是多方面的，也分不同的层次。“道”也有日常生活中的意义，如道路；也用来表示言说。它还与“导”相通，表示引导的意义。不过，这些意义，一看就会明白，不会与哲学或思想层次的意义发生混淆。《知北游》开头有一句就有四个“道”字，最为典型：“予欲有问乎若：何思何虑则知道？何处何服则安道？何从何道则得道？”第一个“道”，也就是道理；第二个“道”，指行为准则；第三个“道”，是动词谈论的意思；第四个“道”，则是一种境界。

简单地说，除了上面说的日常意义以外，按照崔大华先生的观点，概念层次的“道”，主要有三个方面的意义：第一，具体的道，如“天道”“地道”“人道”等；第二，道理，也就是一种抽象的理论或方法；第三，总体上的道，这一内容，就是我们谈论的宇宙论、本体论意义上的“道”，即一种实体，有十足的哲学或思想意义，这是儒、墨、名、法所不具备的。

不过，在形而上学的意义上，“道”的含义也是复杂的。总的来看，形而上的“道”在《庄子》中有两种意义：一是根源性的意义，一是境界性的意义。换句话说，《庄子》一书的“道”，一方面是宇宙论、本体论的意义，一方面是境界论的意义。如此说来，似乎两种意义，不相上下，平分秋色了。其实，这中间有许多话要说清楚。我们现在使用的这些概念，如本体论、宇宙论，都是近代西学东渐以后，借用过来的。这些概念，能不能用来准确地分析中国思想，也很难说。庄子哲学的讨论，20 世纪就有一本专门的讨论集，基本上都是从唯物主义、唯心主义这两方面入手考虑问题的。时过境迁，我们现在不用再去争论这些问题了。但是，如何更好地理解庄子之“道”及其地位，却是需要我们重视的问题。就《庄子》的“道”而言，本体论、宇宙论的意义显然是从《老子》那里继承而来的。不谈“道”的本体论、宇宙论意义，“道”的境界意义从何而来？但大谈老子道论的这些意义，庄子境界论意义的“道”，又有什么意义呢？这两者之间是什么关系呢？

其实，从《庄子》思想来看，大概可以这么说：庄子境界论意义的“道”，从《老子》而来，却后来居上，或者说《庄子》反而从境界论意义的“道”，来看《老子》的本体论、宇宙论意义的“道”。这二者从理论上似乎是可以分清楚的，但在《庄子》一书，并没有非常清楚地分出不同意义上的“道”。有的学者通过统计的方法，将《庄子》的“道”分为四大类或更多，并以此追究《庄子》的思想体系中的矛盾。这虽让人大开眼界，但总觉隔靴搔痒。《庄子》是一部思想诗，许多学者的分析为什么让人感觉隔得太远，就是与忽视了《庄子》的文学性质有直接关系。

那么，什么是《庄子》之“道”的宇宙论、本体论意义？什么是宇宙论？那就是关于宇宙根源与生成的学说。什么是本体论？那就是关于宇宙本体的学说。宇宙论回答宇宙从何处而来？到何处而去？其中的许多内容，现在都成自然科学的材料了。本体论回答世界的本质是什么？这一问题在现代哲学看来已经意义不大，但也有复活的迹象，并向存在论的意义转变。

《庄子》中，集中谈“道”的有两篇，一是内篇的《大宗师》，一是外篇的《知北游》。当然，《大宗师》谈“道”，更像庄子的境界；《知北游》则既有庄子的境界，也有《老子》的特点。《大宗师》描述说：道是真实而有信验的，但没有作为和形迹；可以心传而不可以口授，可以意会而不可以目见；自己为本，自己为根。没有天地之前，自古就存在了；它产生了鬼神和上帝，产生天和地；它在太极之上不算高，在六合之下不算深，生于天地之前存在不算久，长于上古之前不算老。就宇宙论意义来说，道“生天生地”，长于上古而不为久，生于天地之前不为长，这就是宇宙的起源。道是“自本自根，自古以固存”，不依赖于其他东西而是独立的，不是派生的；是万物存在的根据，是一切变化的维系，是鬼神、上帝威力之源。这就是本体论意义的“道”。合起来说，“道”是自本自根、自古而存的，永恒的，绝对的，普遍的，超越的存在。突出“道”的绝对性，是本体论、宇宙论的特点。借用《知北游》的话来说，“六合为巨，未离其内；秋毫为小，待之成体”。物无大小，离不开道。“自本自根”的“道”，使庄子描绘的世界，有了自生、自化的性质；“天道运而无所积，故万物成”，万物生成于天道自然运行变化之中。

道在屎溺

读《大宗师》，我总有一些疑惑，为什么篇名叫“大宗师”？“师”是人，为什么却给了道？仔细看来，一篇《大宗师》不过就写了生死而已，为什么与“道”联系在一起？其实，《大宗师》有一段交代，倒很能说明这些问题。意而子去见许由。许由说：“尧给了你什么指教？”意而子说：“尧教导我：‘你一定要躬行仁义而明辨是非。’”许由说：“你为什么到这里来呢？尧用仁义给你施以墨刑，用是非给你行以劓刑，你怎么还能遨游于逍遥放荡、无拘无束的变化之境呢？”意而子说：“虽然如此，我还是愿意遨游于这种境地。”许由说：“不是这样，瞎子无法欣赏眉目颜色的美好，盲人无法欣赏彩色锦绣的华丽。”意而子说：“无庄忘掉了自己的美貌，据梁忘掉了自己的力气，黄帝忘掉了自己的智慧，都是在大道的熔炉中锻炼而成的。怎么能知道造物者养护我受过黥刑的皮肉，补修我受过劓刑的鼻子，使我载有完整的形体跟随先生呢?”许由说：“这是无法知道的。我给你说说它的大概吧！道啊！我的大宗师呵！调和万物却不以为义，恩泽及于万代却不以为仁，生在上古却不算老，覆天载地、雕刻万物的形状也不算巧，这就是大宗师所达到的游心境界。”这一段寓言对话，同样写道恩泽万世、长于上古、刻雕众形，却是游心的境界。“不知悦生、不知恶死”“死生无变于已，而况利害之端乎!”超越生死，以死生为一，表示超越了是非、彼此、美丑等的对待，去除“成心”而“道通为一”，顺物而化，“与造物者游”，岂不是跟从了“大宗师”。

《知北游》关于“道”的形容，更是奇特，意在揭示道的普遍性境界。东郭子问庄子说：“道在何处?”庄子说：“无所不在。”东郭子说：“说出具体所在才好。”庄子说：“在蝼蛄蚂蚁中。”问说：“为何在这样卑下处呀?”回答说：“在稊稗里面。”问说：“为什么更卑下呢?”回答说：“在砖头瓦片中。”问说：“怎么更甚于前呢?”回答说：“在屎溺中。”东郭子不再出声。庄子说：“先生所问，未及根本。管理市场之官正获问他的助手如何踩猪腿检验猪的肥瘦，告知他愈是往下面踩愈能比况清楚。你不必证实道在何处，万物皆不出于道外。最高之道是这样，表达至道的大言也是这样。尝试着游历至道虚无之境，把你的言论合同于至道之言，就不会有所穷尽了！试着顺任自然无为，淡漠而清静，寂寞而清虚，调和而安闲。吾心虚空寂寥，本无所往，往而不知所至何处，去了又来不知止于何方，我已在其间来来往往，而不知哪里是终点。逍遥自在于广漠空虚之中，大知之人进入此境也不知它的边际。创生万物者与物没有分界，而物是有分界的。由没有分界之道转成有形之物，又由有形之物复归没有分界之道。所谓盈满、空虚、衰败、消杀，道使物发生盈虚变化，而自身却没有盈虚分别；道使物发生衰杀之变，而自身并不衰杀；道使物有本末之变，而自身并无本末；道使物有积散变化，而自身无积散。”这就是“无往而不在”的“道”，顺物而化，就能与“道”相辅而游。

“道在屎溺”，有些像后来佛教高僧说的话，做惊人之语，彰显道的无所不在，无往而不存。用哲学的语言来说，“道”是普遍存在的，无时无处而不有“道”，无事、无物而不有“道”。《庄子》这一说法是“革命性”的，万物有“道”而不再有根本差别，不再有世间万物的盈虚、兴衰、本末、积散、贵贱、尊卑、上下、君子小人、智愚之类无谓的分别；进入至道虚无之境，何贵何贱？物无贵贱，万物平等。“万物与我并生，天地与我为一”，人的境界、人的世界，达到一个空前的高度。因此，人才能“不傲骨倪万物，不谴是非，以与世俗处”，获得生命的勇气，体会逍遥游。这就是庄子的人生境界。“道在屎溺”，是庄子思索生命境界的新视角。

道之德

“道”自本自根，生天生地，无处不在，无往不存，如此神奇，它有何特点？不描写具体一些，还是难以说明“道”。道的具体特性，就是道之“德”。“德”者，有得于“道”者也。故道家有“道德家”之称。

“道”的主要特点《老子》早就有了细致的描述。在《老子》看来，“道”生天生地，象帝之先，混然而成，惟恍惟惚，不可为象。“道可道，非常道。”道不可见、不可闻、不可嗅、不可触、不可尝，超于人的感觉之上。真正的“道”是自因的、无条件的、永恒的、绝对的、普遍的、无目的的等等，是形而上的存在。《老子》的描述，采用了诗的语言，但有着明显的概念思辨特点。《庄子》特别是内篇对道的描述，则主要是采用文学寓言的形式，既描绘了道的恍惚，更夸张地写出了

“道”的神秘，不惜借助神话故事的形式。当然，如此一来，与其说是对“道”的概括，不如说是对“道”的境界的描述。

《庄子》继承了《老子》对道的特性的分析，许多方面甚至有过之而无不及。但是，就《庄子》来说，它的主要目的不是发展《老子》关于道的描述，而是意在描绘道的境界。就《庄子》而言，它重点突出了道的无差别境界。什么是“无差别的境界”？简单地说，万物归一于道，“道通为一”，化臭腐为神奇，体味游心于道的感受。庄子齐物齐论，视大小、长短、美丑、彼此、是非、物我、天人为一，主张“莫若以明”的态度和方法，从不同的方面感受“道”的无处不在。换句话说，与其说《庄子》关心道是什么、有什么特性，不如说它更注重道与人的关系，或者说人所体会到的道是什么。这才是其特点。

《大宗师》篇讲完自本自根的“道”以后说：“豨韦氏得到它，用它开辟天地；伏戏（羲）氏得到它，用以合阴阳元气；北斗得到它，就能永远不会改变方向；日月得到它，永远运行不息；堪坏得到它，可以得到昆仑；冯夷得到它，用来游历大川；肩吾得到它，主持太山；黄帝得到它，登上云天；颛顼得到它，居住玄宫；禺强得到它，立于北极；西王母得到它，安居少广山上，不知道它的开始，不知道它的终了；彭祖得到它，上及有虞，往下活到五霸时代；傅说得到它，用以辅佐武丁，统治天下，他死后乘着东维星，骑着箕尾星，与众星并列在一起。”这些近乎神话般的描写，揭示了“道”对宇宙特别是人的意义。

庄子道的境界，是天人合一的境界。《德充符》说：“自其异者视之，肝胆楚越也；自其同者视之，万物皆一也。夫若然者，且不知耳目之所宜，而游心于德之和。”以道观之，万物为一，人性圆满和谐。现代学者刘笑敢先生明确地说，《庄子》

之“德”，一是人的自然本性，二是人的最高修养境界。人性自然，体会自然之境。在《庄子》看来，“道在屎溺”，人不谴是非，与世俗处，“生活在别处”，也就是生活在“道”中，在世俗中体会着“道”的境界，化臭腐为神奇，无心于外物，安命无情。这就是《庄子》的“道德”。

《德充符》是一篇奇文，它写了七个形残而德全之人，视丧其足犹弹落了身上的尘土，化死生为一，游于形骸之内。其丑其恶足以“骇人”，却让人为之倾倒，记其德而忘其形，重其神奇而忘其腐朽。他们“未言而信，无功而亲”，遗形而得道。由此可见，道不远人。庄子心目中的道，人与道相辅而游。庄子的道，也是由凡而入圣。就像《应帝王》中所说的，至入睡时安详，醒来悠闲，无物无我，无是无非，进入混沌之境。《德充符》说：“德者，成和之修也。”也就是完满和谐的修养境界。达到这种境界，回归人的自然淳朴本性，与道相辅而游。这就是《庄子》无是无非、无物无我的至德境界。《齐物论》把这种和谐境界称作“天籁”。

二、大宗师

庄子的“道”，与人合一于自然境界，人可得道而与之相辅而游，并通过体道而获得生命的清新意义。

“天即自然”

庄子的“道”，既是一超越的形而上本体，也普遍存在于万物之中，是人取法的“大宗师”。那么，取法于“道”的什么呢？那就是自然主义精神。按照韦政通先生的看法，庄子对道尽管有比较复杂的解说，但最后都归结于“自然”；不论是宇宙万物或人类，其共同原理是自然。宋代学者林乐轩也说：

《庄子》一书，不外“自然”二字。不过，老子说“道法自然”，“道”与“自然”二者可以相通，但道毕竟不同于自然。而庄子为了把“自然”一义凸显出来，使它成为解释宇宙和人生整体的依据，所以才使用与自然为同质同义的“天”一概念来代替“道”。概念的转换，代表着庄子思想的新发展。

“天”在《庄子》中的意义是复杂的，但总的来看，主要有两方面的意思：一是与人相对的天，即物；二是与“人为”相对的自然。前者我们现在叫“自然”，后者我们有时也叫“天然”。这两者都符合《老子》“自然”的意义。《大宗师》有言：“知天之所为，知人之所为，至矣。”天之所为，是自然；人之所为，是人的努力。一个是无目的、无意识的，一个是有目的、有意识的。“天”无疑是指大自然。这也是我们今天的含义。二者相比，自然力量何其伟大，人类何其渺小，故而“不以人助天”，即不能以人力改变天的作为。不过，这一点，《庄子》可是反复强调的：儿子对父母，不管叫你去东西南北，只有唯命是从；人对阴阳的自然，何止于儿子对父母？它要我死而我不听，我就是强悍不顺，它有什么罪过呢？大自然赋予我形体，用生使我操劳，用老使我安逸，用死使我安息。因而把我生当成好事的，也就是把我死当成好事。现在有一个铁匠铸造一个金属器物，金属跳起来说：“一定要把我铸成镆铘宝剑！”铁匠必定以为这是不吉祥的金属。而一旦成了人的形状，就说：“成人了！成人了！”造物者必定以为是不祥之人。人只获得形体就沾沾自喜。如果知道人的形体千变万化而没有穷尽，那么这些欢喜还计算得过来吗？现在如果把天地当作大熔炉，把造化当作大铁匠，往哪里去不可呢？在庄子看来，在大自然面前，一切都是“物化”，是“咸其自取”而已，没有谁的发动和支配。自然界根本上没有什么外在的动力，一切都是“自取”，是自为原因的。万物变化是由于自身的“机缄”而“不得已”而已，斗转星移，阴晴圆缺，都出于内在的“机缄”，是万物运转起来不能自已，没有什么外力来发动，更没有神或有目的的东西在起作用。自然界的声音即地籁之类，本无哀乐，只是人听了以后才去区分哀乐，这种分别是出于人为而非自然。

《秋水》篇对自然与人为进行了明确的区别。“何谓天？何谓人？”“牛马四足是谓天，络马首，穿牛鼻，是谓人。”牛马生而四足，与人无关，此乃天然；络马首，穿牛鼻，乃人所为，这是人为。在庄子看来，天然是自然界固有的，是内在的，而人为的是外在的：“天在内，人在外，得乎在天。”庄子肯定自然而然的天然，反对因人而为的人为。道赋予人以外表，天给予人以形体，人的一切出于自然。人却役于外物，疲于奔命，逃离人的自然之性，违背人的自然之情，忘记了人从自然禀受的东西，为情所苦，这叫“遁天之刑”，即受到自然的刑罚。人奉养身体，涵养精神，内修其德，处事谨慎，却还摆脱不了各种灾难，这就不是人的过错了，而是命运使然，非人力所能为。还能不安天知命吗？

道可得而游

“得道”是《庄子》中出现的较多的词。《老子》中只是“闻道”，“道”是外在的，《庄子》的“得道”，表明道与人的关系是内在的。借《庄子》的话来推衍，也就是“道在人身”。

但是，尽管道不外于人，却不可得而私有。《知北游》专门分析了这一道理。舜问丞说：“道可以获得和拥有吗？”丞回答说：“你的身体都不是你所拥有，你怎么能拥有道呢！”舜说：“我的身体非我所有，归谁所有呢？”丞回答说：“是天地寄托给你的形体。生命非你所有，是天地寄托给你的和气；性命非你所有，是天地寄托给你的自然；子孙非你所有，是天地寄托的蜕变。行时不知所往，止时不知所守，食而不知其味。这一切都受强健运动之气所支配，又怎么能获得和拥有呢!”人生须臾而已，忽然之间，何以能保有自本自根、自古以固存的道呢？可得而私藏，乃物而非道。

“得道”是《庄子》的用语，表示道与人的相关性。但是，道非一物，故不可得而有之，成为私有之物。那么，何谓“得道”？这是一个很难用言语回答的问题。一方面，《庄子》一再强调道不可视、听、言。语言是对事物的称呼，事物是具体的，道却是抽象的“大全”，不可用表示具体事物的概念性的语言名称将道分割后描绘出来。另一方面，《庄子》又说道可以体会到，可与相辅而游。这不是自相矛盾了吗？其实，这是一种直觉主义，它刚好需要超越感觉而得到。怀疑主义与直觉主义，在《庄子》中是相反相成的。世俗的名称言语不能表示道，于是，要么对道表示沉默，要么进行概念的分辨或否定式的分析，要么借助隐喻，或者如《庄子》所采用的寓言故事的叙述来表达对道的体会。这些方式，从世俗的观念来看，就是“无思无虑则知道”。《知北游》有一则寓言，从侧面解释了这一问题。知对无为谓说：“怎样思索可认识道？如何行事则可持守道？由何种途径可获得道？”问了三次无为谓不回答，不是不回答，而是不知道如何回答。知问狂屈，狂屈说：“唉!我知道，就告诉你。”正想说的当中忘记了所要说的内容。知未得回答，又返回帝宫，又问黄帝。黄帝说：“无思无虑才能认识道，无定处不行事才能持守道，不要任何途径和方法才能获得道。知道者不言，言道者不知，圣人推行不言之教化。道是不能获取的，德是不能达到的。现已成为有形之物，要想返回虚无之本根，不也是很难的么？如果说容易做到的话，那只有得道之至人啊！生与死为同类，死为生之开始，谁能知道其条理秩序？圣人重视‘一’。”这则寓言，采用了复杂的否定形式，想说明得道与得物是根本不同的：得物是拿来，得道是“损之又损”，清除礼乐政教的影响，无思无虑、无服无处、无从无道，一句话，无为而得道。人获得了形体，远离了虚静的道，只有无思无虑，才能归于自然而得道。

《知北游》描绘了这种无心无为而得道的状态。啮缺问道于被衣，被衣说：“你要端正你的形体，集中你的视觉，天然之和气就会前来；收敛你的智慧，专一你的思虑，神明就会来居留你心；德将表现你的美好，道将留在你的身上。你无知而直视的样子就像初生的小牛犊，不要追究事物的缘由。”可见，所谓“得道”，并不是一个运用智慧的学习过程，而是一个静气凝神的直觉体验过程。

人一旦体会到道，也就能“与道相辅而行”，让自己的世俗行为展现出道的光辉。《山木》篇中，市南宜僚建议鲁君“去国捐俗，与道相辅而行”，做到“虚己而游”，舒缓鲁君心中之忧。得道游，是《庄子》的理想境界。

道可传而不可受

道超越于人的感觉之外，也不可言说。《知北游》篇中，无始说：“有人问道而给予应答的，就是不知道；就是那个问道之人，也是没听说过道。道是不能问的，有问也不应回答。本不可问又要问，这种问是空的；本不应回答而回答，这种回答是没有内容的。以没有真实内容的回答去对空问，如果这样，对外不能观察宇宙之无限，对内不能了解道的根本，不能超越有形之界域，不能逍遥于广漠之虚空。”道超越于事物的具体形体，不可用名称言语去表达。

但是，道可通过体会而得，可传于他人。《大宗师》明确地说道“可传而不可受”：“夫道，有情有信，无为无形；可传而不可受，可得而不可见。”道虽然存在却无为无形，但关于道的体会却是可传的。《大宗师》中也有一个传道的系统：南伯子葵曰："子独恶乎闻之？"女偊曰："闻诸副墨之子，副墨之子闻诸洛诵之孙，洛诵之孙闻之瞻明，瞻明闻之聂许，聂许闻之需役，需役闻之于讴，于讴闻之玄冥，玄冥闻之参寥，参寥闻之疑始。"这是一个完整的传道谱系。从疑始到副墨之子，再到女偊，大体上有十代，而且还有外物等具体的方法，似乎与两汉经学中的经师一样，道可传于他人。其实，这是一种误解。此处所用的词语，是一个"闻"字，而每一个得道，都是自己通过外物等的实践体会间接而来，而不是从上一代得道者处直接得来的。闻道只是修道的开始，而不是得道本身。上一代得道者并不是将道的体会直接授予下一代学道者，而是通过隐喻、"正言若反"式的否定分析、寓言故事等间接形式，通过外物等方式启发学道者，让学道者自己形成关于道的体会。因此，道可传而不可授予别人。

"轮扁斫轮"的寓言故事突出强调了这一传授方式。轮扁斫轮一生，却无法将不徐不疾的斫轮之术传于别人，连他的儿子也传不到。因此，他悟出前人记录下的东西只不过是糟粕而已，精华早已随古人而去。他的体会是有道理的。庖丁解牛之术、大马捶钩之术，都是精湛的技艺，但都超出了技艺的层次，而是"进乎道"也，达到了一定的境界，技艺变成了一种艺术。但是，这些艺术，并不能传给别人，而只能由别人去体会。因此，体道的过程，是一个自己完成的过程，别人包括其师也不能代替其本人。换句话说，师友之间，也只是相助为道而已。因此，《天道》篇详细分析了这一道理。世人之所以尊贵于道，都是根据书上的记载，而书上所记载的不过是言语，言语可贵处在于达意，而意有所本。意之所本，是不可以用语言相传授的，而世人却看重语言，把它记载于书而流传。世人虽珍贵它，其实是不足珍贵的，因为那被珍贵的并不真正值得珍贵。因此，用眼睛可以看得见的，是形状与颜色；用耳可以听得到的，是名称与声音。世人以为得到形状、颜色、名称、声音，就足以获得其真实本性。依据形状、颜色、名称、声音确实不足得到其真实本性，所以，真正知晓道的人并不言说，讲说的人并不真知。这样的道理，世人又怎能懂得呢？《外物》篇强调：竹笼是用来捕鱼的，捕到鱼就遗忘了竹笼；兔网是用来捕兔的，捕到兔就遗忘了兔网；语言是用来表达思想意识的，掌握了思想意识就忘了语言。我们到哪里去寻找遗忘语言的人来和他交谈呢？这正是：知道在忘言。

三、体道

“为学”是知识的增加，“为道”是知识的减少和清除。《庄子》秉承《老子》的否定性原则，在修养功夫上，作了详细的发挥，形成了突出的修养理论。

心斋

什么是心斋？所谓心斋，就是虚而待物、澄澈空明的心境。《庄子》的“心斋”说是在什么样的情况下提出来的呢？《人间世》的第一部分主要是颜回与孔子的对话，寓言中的孔子就颜回去卫国以矫正暴虐的卫君一事进行了讨论，说明伴君如伴虎，写了与统治者相处之难。面对暴君，颜回提出“端虚勉一”（外貌严肃而内心谦虚、勉力行事而意志专一）、“内直外曲”（内心真诚而外表恭敬）、“成而上比”（引用大道理比于古人）三种方法，在孔子看来都不足以感化卫君。孔子认为，人间的纷争，归根到底，都是求名用智。除去求名用智之心，便会达到空明的心境。这就是“心斋”。在孔子看来，只有忘我才能处世，而忘我必须做到“心斋”。

《人间世》说："若一志，无听之以耳，而听之以心。无听之以心，而听之以气。听止于耳，心止于符。气也者，虚而待物者也。唯道集虚，虚者，心斋也。"这是说要使心志高度集中，屏除一切杂念，用心灵去体认，用气去感应，声音只在于耳，思虑只在于概念，气才是以空虚对待万物。只有道能集结在虚静之中，这种虚静，就是心斋。可见，心斋就是用心的斋戒清洗掉心中的思虑与欲望。孔子说："不开启门户就不会遭到毒害，把心志专一起来寄托于不得已而为之的境地，就差不多了。为人情所驱使容易造假，为自然所驱使难以作弊。只听说过有了知识才能认识事物，没听说过没有知识却可以认识事物的。看那空明的心境，就会了解，只有把内心空虚起来，才可以产生纯洁的状态，吉祥就来临了。如果不能止其所当止，这就叫作形坐而心驰。使耳目感觉向内通达而排除心灵的思虑，鬼神也会前来归附，何况是人呢？顺应万物这样的变化，正是禹和舜所把握的关键，伏羲和几蘧也作为终身奉行的准则，何况是普通人呢？"这与《管子》一书的《内业》《白心》等篇所讲的"虚静"之说有些相近。这种方法要求心中"无知无欲"，去掉思虑和欲望，以无知而知，达到"虚一而静"的境界。

"心斋"是虚而待物，保持虚静的心境，与"乘物以游心"的意义相同，都是指摆脱了外在的感官知觉、去除情欲与智巧以后的心理状态。达到这种虚静的心理状态，一个人才能"不与物迁"，才能有"以神遇而不以目视，官知止而神欲行"的效果，心神自然顺序而进于道。但是，感觉活动停止了，却有七情的烦恼，这是内在的障碍。庄子说："悲乐者，德之邪；喜怒者，道之过；好恶者，德之失。故心不忧乐，德之至也。"因此，庄子提出"喜怒哀乐不入于胸次"，才能真正做到心灵的宁静。儒家排斥人的贪欲，道家则排斥一切人为的造作，拒斥发自知、情、意的一切违反自然的表现。庄子说："有天道，有人道。无为而尊者，天道也；有为而累者，人道也。"庄子主张"无以人灭天""工乎天而拙乎人"。这是以自然为宗的工夫论，与美感经验中所达到的艺术境界是相通的。

庄子对虚静的工夫深有体验。庄子体会到人生沉沦的可怕。他主张"洒心去欲"，归于恬淡，不求功名，不设计谋，不强行任事，不耍智巧，弃绝专断的行为，回归自然的本性，达到空明的心境，任物之来去而不加迎送，如实反映而不加掩藏，则它就可以鉴天地之变，观万物之化，体会寂寞的大道，游心于虚静的境界。

坐忘

《大宗师》篇讲"坐忘"的方法。与"心斋"的寓言一样，它也是通过孔子与颜回的对话来写的。颜回说："我有长进了。"孔子说："你说的长进是什么呢?"颜回说："我忘掉仁义了。"孔子说："还可以，还是不够。"过些日子，颜回又一次见到孔子，说"我又有长进了。"孔子说："你说的长进是什么呢?"颜回说："我忘掉礼乐了。"孔子说："还可以，还是不够。"过些日子，颜回又一次见到孔子，说："我有长进了。"孔子说："你说的长进是什么呢?"颜回说："我坐忘了。"孔子惊奇地说："什么叫作坐忘?"颜回说："毁弃肢体，废除聪明，离开身形，弃掉知识，和同于大道，这就叫作坐忘。"孔子说："和同于大道就没有偏好，变化就没有执着不变，你果真是个贤人，我愿意步你的后尘了。"

这段寓言道出了"坐忘"的过程。颜回先忘了仁义，后来又忘了礼乐，最后达到"坐忘"，即"堕肢体，黜聪明，离形去知，同于大通"。"坐忘"的方法就是靠否定知识中的一切分别，把它们都"忘"了，体会大道，以达到心理上的混沌状态。“同于大通”就是体会“道”了。这种与道同体，是由堕肢体、黜聪明、离形去知达到的，也就是“无己”的方法得到的“天地与我并生，而万物与我为一”境界。这一得道的过程，就是“损”的方法，不断清除仁义、礼乐、肢体、聪明，然后忘掉自己，归于“大通”。

与“心斋”相比，“坐忘”是一个由人间世而返本复初的过程。世俗的人，执着于是非、彼此、美丑的分别，陷于仁义礼乐之中，终日劳碌而无功，精神疲惫而无聊，失去了生命的本真状态，就像自小就浪迹异乡的流浪汉，找不到回家的路。其实，回家的路就在脚下。庄子并不认为得道的状态是离开世俗世界，反倒认为“与世俗处”之中，才能与“天地精神为友”，似乎世俗世界对人的磨难是得道的契机。这种思想实际上是隐士生活方式的升华，或者说是自埋于民间，自隐于田畔的“陆沉”。

《齐物论》说：“物固有所然，物固有所可，无物不然，无物不可。”就是说，各家的是非，也可能有对的地方。但是，这都不必管它。《齐物论》说：“是不是，然不然。是若果是也，则是之异乎不是也亦无辩。然若果然也，则然之异乎不然也亦无辩。”这就是“不谴是非”了。承认“物固有所然，物固有所可”，承认是和非可能也有一定的分别。但是，任其自然，听其自生自灭。这种态度，才是《齐物论》所说：“和之以天倪，因之以曼衍，所以穷年也。忘年忘义，振于无竟，故寓诸无竟。”“振于无竟”“寓诸无竟”就是《逍遥游》所说的“以游无穷”。达到这个目的的方法就是“忘年忘义”，也就是《大宗师》篇所说的“坐忘”。

“坐忘”的具体内容，也就是去除意志的悖乱，解除心灵的束缚，排除道德的牵累，通畅大道的阻塞，忘掉“四六”——贵、富、显、严、名、利六者，悖志；容、动、色、理、气、意六者，谬心；恶、欲、喜、怒、哀、乐六者，累德；去、就、取、与、知、能六者，塞道——然后，达到中正静明，归于大道。

外物

《大宗师》讲到女偊教卜梁倚学“圣人”之道的程序。南伯子葵问女偊说：“你的年岁已高，而面色却像小孩，为什么呢？”女偊说：“我闻道了。”南伯子葵说：“道可以学得吗？”女偊说：“不，不可以！你不是可以学道的人。卜梁倚有圣人的天才而没有圣人的道，我虽有圣人的道而没有圣人的天才。我用道教导他，也许可以使他能真的成为圣人吧？如果不是这样的，以圣人的道告诉有圣人之才的人，也容易领悟的。我仍然要守持，以道来教导他三天而后才能把天下置之度外；已经把天下置之度外了，我又守持七天，而后才能把事物置之度外；已经把事物置之度外了，我又守持九天，而后才能把生死置之度外；已经把生死置之度外了，而后才能一旦贯通；一旦贯通，而后才能体认绝对的大道；能体认绝对的大道，而后才能理解时间是无限的；时间是无限的，然后才能领悟不死不生的境界。灭绝生命的东西没有死，产生生命的东西就没有生。只要是物，没有用无不到的，没有迎而不接的，没有毁坏的，也就没有成功。这就叫作扰乱后的安定，扰乱后的安定，是扰乱而后的成功。”

仔细看这一“外物”的过程，是有一定程序的：由外天下到外物，再到外生，然后达到“朝彻”即豁然贯通，再达到“见独”，也就是与道相见，体认大道。当然，道是自本自根，自古以固存，没有什么东西与它相对待，因此，就将道称作“独”，以突出道的无古今、无生死的状态。体会道的这种状态，也就有了与道合一的体验，进入一种无古无今、不死不生的感受。在心理上超越生死的人，实际上并未超时空。“见独”的人感受到道的世界，却依旧在世俗世界。对于世俗世界的事物，特别是社会中的事物，人不能不应付。不过庄周认为，所谓“圣人”，既然在思想上和概念上已经脱离了世界，他对于世界中的，特别是社会中的事物，都可“虚与委蛇”，与世周旋。这就是所谓“撄宁”。这就是说，他虽然也跟事物相接触（撄），可是他的内心，总还是平静的（宁）。这也就是《齐物论》所说的“两行”。照上面所说，《齐物论》认为有了是非就是有成与亏。但是它也认为，既然有了是非，那也就和风的“万窍怒号”一样，也是一种自然的现象，也是自然运行的一种表现，不必过分在乎这种分别。

《齐物论》从另一个角度写了近似于“外物”的问题。古时候的人，他们的认识有最高境界。什么是最高境界？他们认为宇宙未曾形成万物的初始时刻，认识是最高的，尽美尽善的，再不能增加什么认识了。其次，则认为宇宙开始有了万物时，万物之间是没有分别界限的。再次，认为有了分别的界限，但未曾有是非之别。是非观念明显了，道的观念也就因此而亏损了。道的观念之所以亏损，是因偏私观念的形成。从这一是非产生的过程来看，最高的认识是“无物”，其次才是有分别，有分别而后有是非，这是一个不断“有物”的过程。反过来看，无是非而后无分别，无分别而后无物，也近于《大宗师》所说的“外物”的体道过程。

其实，《大宗师》一开头就描写了这种“外物”的境界。有真人而后有真知。只有“知之登假于道”即与大道相合的人不谋事、不恃功，达到“外物”境界。

第 6 章

达生死

中国人习惯用生、老、病、死来概括人的一生。仔细想来，老、病接近于生或死。如此一来，人生不就是生与死两个方面了吗？一部《庄子》，也是达生死之文。儒家“向生而死”，庄子则“向死而生”。庄子体味生的痛苦，想象死的快乐，追求生死为一，祈求无生无死、与道为一的境界。这是有着悲剧意味的诗。

一、生的体会

《庄子》视生如倒悬，视死如悬解，以气的聚散论生死，追求“生可乐，死可葬”的境界。这是《庄子》的真实感受。

倒悬

《庄子》关于生的感受，有一个形象的说法，那就是“悬”。“悬”即“系”，即人为生死所苦而哀乐不止，犹如倒悬于天地之间。《庄子》认为世俗世界是不合理的，问题在于将这一倒立的世界再颠倒过来，回归其自然的、真实的状态。与“悬”相近的说法是“弢”（弓袋）、“袠”（书袋），都有人生被束缚的意思。

《养生主》篇说，老聃死后，秦失前来吊唁，哭一阵就出来了。秦失对老聃的弟子说：“以前我认为你们都是得道之人，现在看来并非如此。刚才我进去吊唁时，看见有年长的哭他，像哭自己的孩子，有年轻的人哭他，像哭自己的父母。这是违反自然增加俗情的，忘记我们禀赋生命的长短，古人称之‘逃避自然的刑罚’。应时而生而又顺乎自然而死，哀乐不进入身心，古人称这是自然的悬解。”清代学者宣颖解释说：“人为生死所苦，犹如倒悬；忘生死，则悬解矣。”

《大宗师》也有相近的寓言故事。子舆得病，子祀去问候他，子舆说：“造物者，把我的身躯变成如此拳曲的样子！”子祀说：“你厌恶这种样子吗？”子舆说：“不！我怎么会厌恶呢？假使把我的左臂变成鸡，我就用它司夜报晓；假若把我的右臂变成弹丸，我就用它打斑鸠烤着吃；假使把尾骨变为车轮，把精神变为马，我就坐上它，我怎么还会要别的车子呢？我适时地得到生命，顺应自然变化而失去生命，安于时运而生，顺应自然而死，悲哀和欢乐的情绪就不进入于胸。这就是古语所说的悬解。那些不能自己解脱的人，是被外物束缚住了。人不能胜自然很久了，我又有什么要厌恶的呢？”生死无动于心，死亡如解倒悬。这也是庄子的“黑色幽默”。

庄子为什么把生当作“附赘悬疣”，即多余的瘤子呢？人生在世，其实并不容易，生老病死、是非对错、言谈举止、辞受取舍、亲疏远近困扰着人，痛苦、忧虑、悲伤、无奈、绝望、孤独、烦恼、焦急、委曲、悔恨、愤怒、恐惧等等不良情绪，烦恼着人。人活着，忧多于喜。难怪德国哲学家叔本华要说人生是一场悲剧。《达生》篇说：“人之生也，与忧俱生。”《大宗师》篇说：“大块（天地）载我以形，劳我以生，佚我以老，息我以死。”人禀受了气而生，劳碌一生，走向衰老，死了才能休息。真是任重道远呀！

人生真有操不完的心！《外物》篇说，人过分忧虑陷入利害两端而无所逃避，蠢蠢不安而无所成，心像悬在天地之间，忧郁沉闷，利害相斗，内心焦灼不安，难免伤害了内心的和气，不能克制焦虑，于是精神萎靡而自然之理全失。《寓言》篇说，曾子再次做官时心情有了变化，他说："我父母双亲在世时，做官只有三釜俸禄而心情就很快乐。后来做官得三千钟俸禄而不能奉养双亲，我心里却感到悲伤。"不操心俸禄，却操心双亲，人无远虑，必有近忧！哀乐何时能止？

《达生》篇有个形象的说法，"生亡"。死亡有身体的死亡，有心的死亡；前者是"死亡"，后者是"生亡"，也就是《田子方》篇所说："哀莫大于心死，而人死次之。"

庄子的人生感悟是灰暗的，也是让人感叹的。如何安顿生命？孔子提出"未知生，焉知死"，通过生来了解死。庄子则是"未知死，焉知生"，通过死亡为生命定位。中国人生而忧患，死而节哀顺变，是这两种态度的调和。借用《山木》篇的话说，"其生可乐，其死可葬"。

逆旅

人生何喜何忧？不过须臾而已。《庄子》体会到的人生，是偶然的、外在的，不过是天地之气临时寄托而已。其来其去，人不能止，我们是"被"生的，而不是我们"要"生的；人生是"被"确定的，不是选择的；没有人能提前安排，也没有人能挽留。人"被"抛入天地之间，就像一阵风，来无影，去无踪，孤弱而无助。这种"被生"的异在感，是人生荒诞的体现。《庄子》称之为"逆旅"。不过，《庄子》将人的这一处境处理成了自然的变化，淡化了这种荒诞感。

什么是"逆旅"？通俗地说，就是"客舍"。为什么要用旅舍作比喻？旅舍不是“我”的，是店主的；旅舍不是永久居住的，是临时寄居的；旅舍不是自己建造的，是别人提供的；旅舍不是我们熟悉的，是陌生的；旅舍是付费的，不是无偿的。这种临时的、他人的、供给的、陌生的、有代价的等特点，与我们的生命现象，却有诸多相似。《知北游》篇说：“哀乐之来，吾不能御，其去，弗能止。悲夫，世人直为物逆旅耳。”人只不过是被生命寄居的旅店而已。就物来看，是来去；就人来看，是生死；宇宙本身难道不是一个大“逆旅”？人何尝不是天地间的一匆匆过客？

“逆旅”之说，从生命的角度就是“假借”，即人之生是假借于二气五行，由四肢百体和合而成。如《大宗师》说：“假于异物，托于同体。”假借不同的东西，合而成为一体，这就是生命。人的生命不过是气“聚则为生”，禀受天地之气而形成形体，便顺天地自然而变化，人的生老病死，就是这种变化的表现。《至乐》篇说：人生不过是假借众物合成身体。假借而生之身体又生出肿瘤，不过是尘垢罢了。死生好比是昼夜交替。人在大自然面前，只有顺应变化而已。人的出生与死亡是命定的，犹如黑夜和白天的交替变化，不随人的意志为转移。这都是万物的本性、自然的规律。人们以天作为生命之父母，而终身感激它，这不是自作多情吗？人们以死作为上天对人的惩罚，这就更是自寻烦恼了。世俗之人，为这些自然变化所困扰，喜怒哀乐充斥于胸，人的生命就会被束缚起来而倒悬于人世间。如此一来，临时寄托的生命当成了永久的存在，这成了人类苦恼之源。

其实，人生苦短，忽然而已！就像《知北游》篇说的，从本源上看，人的生命不过是气之聚集而已。虽然有的长寿有的夭折，但能相差多少？只是片刻之间而已。人生活在天地之间，就像阳光掠过缝隙一样短暂。万物蓬蓬勃勃，没有不生长的；变化衰老，无不趋于消亡。变化而来，又变化而去，生物为其同类之死而悲哀，人类为其亲人之死而伤悲，解开自然的束缚，毁坏自然的囊裹，随着变化，魂魄消散，身体消亡。这是返回人的大本。人生忽然之间，有时而来，有时而去。这叫“安时而处顺”，来也自然，去也随意，不要让生死的哀乐打破心境的宁静，有限的生命才得以安宁。这就是《庄子》抒写的生命的诗意。

人生如梦

苏东坡的《念奴娇·赤壁怀古》，一句“人生如梦，一樽还酹江月”，广为流传。不过，“人生如梦”一语取自《庄子》的《齐物论》，意思却改变了。在苏东坡的词中，“人生如梦”是感伤，在《齐物论》中却是一种对人生的怀疑，质问人生的真相。

《齐物论》的人生如梦寓言说：我怎么知道贪生不是一种迷惑呢？我怎么知道怕死的心理不像打小时候起就流浪在外不知回家那样呢？丽戎国有个美女，是在艾地戍守边界者的女儿。当晋国刚得到她的时候，她哭得泪水湿透了衣襟；等她到了晋王的宫里，和国君睡在一张安适的床上，同食美味佳肴时，才后悔当初不该哭泣。我怎能知道死了不后悔当初不该恋生呢？梦中开怀畅饮，醒了之后遇到不开心的事却要痛哭流涕；梦中痛哭流涕，醒了却赶去狩猎取乐。当人在梦中，却不知道是在做梦，睡梦中还占卜问他梦中之梦的吉凶，醒了之后才知道是在做梦。只有特别清醒的人才知道人生是一场大梦，而愚昧无知的人，自以为很清醒，表现出明察一切的样子，觉得他什么都知道。我看孔丘和你都在做梦，我说你们在做梦，我也在做梦。

庄子的“人生如梦”，对人类的认识提出了全面的质疑。

悦生恶死，人之常情。生是漫长的，有许多想做的事情可以去做，死却是一瞬间的事，人生的一切全都停息了；生是一个光明的天地，死亡却是一个黑洞；生是可以不断反复的，后悔还来得及，死亡却是一次性的，反悔都没有机会。有许多事情还没有做，有许多东西还未尝试，为什么要去死呢？人怎么能不贪生怕死？这是常人的想法。庄子是如何破解这一世俗之见的呢？首先，当局者迷。生是活着的人都经历的，死亡却谁也没有经历过，生如此让人困扰，死未必就不如生？人生可信吗？人生不是常常像骊姬一样后悔吗？难道不是当局者迷吗？人总是事后才知道当初的迷惑，旁观者清，事后诸葛，人生不是这样吗？我们常说，人生没有后悔药，可世上谁人不后悔呢？当局者迷，事后清醒，人类的这一弱点注定了人是会后悔的。后悔没有什么，可后悔总是对以前的否定；活着后悔不已，为什么就不能说活着本身就值得后悔呢？其次，人生永不满足。人的生命是有限的，忽然之间而已，但人的欲望是无穷的，似乎永远也满足不了。汉乐府《古诗十九首》写道："生年不满百，常怀千岁忧。昼短苦夜长，何不秉烛游！为乐当及时，何能待来兹？"曹操《短歌行》说："对酒当歌，人生几何？譬如朝露，去日苦多。"人生如朝露，何不及时行乐？快乐未完，苦又随之。何乐何苦？有穷尽吗？无有穷尽，岂不永远后悔、永留遗憾？如此一来，人生的快乐与痛苦还有区别吗？陷入无穷无尽的苦乐之中，追逐于没完没了的物欲之中，活着有什么意义呢？连意义都找不到，还能找到自己吗？难怪庄子说活着是"弱丧"，也就是从小就流落他乡，找不到归途。人为外物奴役，不就是流落他乡吗？一生流落他乡，到死才返回故乡，死难道不是"叶落归根"吗？再次，人类永远处于有学问的无知中。中世纪末期的哲学家库萨的尼克拉提出"有学问的无知"，即人知识有限，无知无穷。当代英国经济学家、政治哲学家哈耶克就认为人是无知的。试想，人类已知的，永远小于未知的；前人知道的，永远少于后人知道的；我知道的，永远少于他人知道的；错误的东西永远多于正确的东西；可知的，永远少于不可知的。如此一来，随着人类知识的增长，人类的无知也在增加；人类知识的圆圈越大，圆圈外面的无知空间就越大，这真是水涨船高呀！难怪庄子怀疑以有涯的人生追求不到无涯的知识。一件事情做错了，过后能幡然醒悟；远处山上的牛羊模糊不清，走近就看清了；人生本来就错了，我们有机会后悔吗？回首往事，能不后悔吗？人类处于无知之中，却自以为有学问，当人类意识到自己的无知，却有更大的无知还在后面，人真就能弄明白什么死生、是非、彼此、美丑、善恶、贵贱、大小、久暂吗？刚想明白了些，却有更大的疑惑紧随而至。这一切不是一场梦吗？梦之中不知其梦，人生不是一场大梦？死亡难道不是大梦方觉？庄子的怀疑是深入的，将人类的独断之梦彻底惊醒。

二、死的想象

生是可以体验的，死却只能想象。生命只有一次，死亡不可重复。庄子认为死不过是气之散，正如生是气之聚一样。死亡来临之时，人才能得到休息，倒悬着的人，才能被解而得脱。《庄子》甚至称死亡为“南面王乐”。但是，有人会问，死即可乐，那不是鼓励轻生吗？《庄子》明确回答：轻生也是违背自然的。

气之散

第一，死是比生更让人动心的事情，它是生命的终点。出生以前，生命就在形成之中；死亡之际，生命若存若亡。人生在世，生死相伴。可以说："出死入生，出生入死。"生死能分开吗？庄子看到了死与生是不可分割的气的聚散过程，从死来了解生，理解生命的意义。这正是《庄子》哲学的独特之处。试想，一个微小的生命，降生在茫茫宇宙之中，无知无识，何其渺小？人到壮年，又能强到何处？如果不从宇宙变化来了解人的生命，生命又有何意义？我们会说人是一定的社会、民族、国家、家庭的人，人的生命是有意义的。这没有错。如果只是这些，人生如此有意义，为什么要走向死亡呢？不从宇宙万物立论，是难以了解生命的深刻意义的。

《知北游》篇开头就从宇宙万物的生灭变化立论："生也死之徒，死也生之始，孰知其纪！人之生，气之聚也；聚则为生，散则为死。若死生为徒，吾又何患！故万物一也。"这段论述说：天下万物都是气的变化，生死也是气的聚散变化而已，一切变化不过是气的暂时状态而已，本没有什么贵贱之分；人只有顺从自然，像听从父母的命令一样任意造化的变化，岂能以为是人而高兴，成为物而不高兴呢？岂能以生为乐，以死为哀？《至乐》篇中，"庄子妻死鼓盆而歌"的寓言，详细地分析了生命气化的过程：人最初是未曾有生命，而且没有形体，本来无气。在恍惚迷离状态中，变化而有了气，气变而有形体，形体变而有生命。现在又由生而变成死，这就像那春夏秋冬四季交替运行一样。"死亡"获得了自然的寓意。

第二，死是生的开始，生是死的同类。《德充符》将这种关系称作"以死生为一条"，《大宗师》称作"死生存亡之一体"，《庚桑楚》称作"有无死生之一守"，都是说明死生的同一性。《庄子》关于生死的模式是非常有特点的。如《大宗师》："以无为首 ，以生为脊 ，以死为尻"；《庚桑楚》："以无有为首，以生为体，以死为尻。"即都是以无为首，以生为体，以死为尻，首尾都是无，生只是中间的一段，茫茫的气，才是生命的本然状态。因此，《庚桑楚》说：“以生为丧也，以死为反也”。生是气的本然状态的丧失，死才是返回了气的本然状态。也就是《至乐》篇说的“偃然寝于巨室”，安息于天地之间，回归于生命的本真状态。死亡在《庄子》的笔下，获得了诗意的本真意义。

第三，死亡是一种必然，就像有来就有去一样，是人的一种宿命，其来不可拒。生死本为一体，变化无端。生死变化之中，有着一种必然。《达生》篇说：“生之来不能却，其去不能止。”生是生命之来，死亡是生命之去，自然而又必然。这种必然，体现为人类生命的有限性、偶然性。生命的来、去，都是偶然的，偶然而来，忽然而去，相对于天地之气而言，生命是“沧海一粟”，随机而又莫名其妙，飘忽而不可抗拒，就像昼夜的交替一样不得不然，就像秋天到了，“无边落木萧萧下”一样随风而去。庄子将生命的意义化于大自然的演化之中，却也掩不住生命的荒诞。这可能是庄子不愿意言说的。

庄子关于死亡的理解和体验是充满睿智的，也透露出了生命的诸多无奈。

死若休

死亡是人的经历，更有人的感受。这种感受，我们先从比较生与死的长短来看。人生苦短，还是漫长？庄子不是说了吗，人生苦短，忽然之间而已。然而，按庄子的逻辑，人生有长短的区别吗？再说了，人生的长短是相对的。按秒计，简直是天文数字；按光年算，实在可以忽略不计。人生长也，短也？生死虽然为一，但总是不同的形式。生与死相比，生总是漫长的，而死是一瞬间的事。因此，人对生与死的感受，差别还是有的。

《刻意》篇将这种感受总结为“生若浮，死若休”。不过，这里指的是圣人的感受，不是世俗之人的感受，代表《庄子》的正面想法。什么是“生若浮”？按照《刻意》的说法，一是随顺自然，与阴阳一同变化，没有智巧，没有诈伪，没有天灾的袭扰，没有外物的牵累，没有他人的非难，没有鬼神的责罚。如此一来，人生就与世俗生活保持着若即若离的距离，而不会受到天灾、物欲、人祸、鬼神的烦扰，进入浮游的状态，随自然而变化，就是“天行”。达到这种自然状态，处于浮、游之中。进入死亡状态，就是静止、休息。这种休息，就是“物化”，顺物而化。因此，死亡就是生命进入静止状态，生存是生命的变动状态；生与死，就是生命的动、静，劳累与休息。

生命有动有静，有劳有休。但动的状态就人而言是劳累的，静当然就是休息了。《大宗师》有两处都说到这一过程：“夫大块载我以形，劳我以生，佚我以老，息我以死。故善吾生者，乃所以善吾死也。”“大块”即自然，人有生有死，有劳有休，这刚好是相辅而又相成的过程。人生之劳，《刻意》说得很明白。一是天灾。天灾是偶然的，但人必须承受。在强大的自然面前，人太渺小，暴风骤雨、山崩河溃都会夺去人的生命。二是物欲。世间资源有限，人的欲望无穷，免不了争夺纷争，人的生命随物而动，失去了生命的创造意义。三是社会险恶，人人相非，难免忧谗畏讥。四是担心冥冥之中受鬼神的责罚而心神不安。应付这些人生之累，就是一种操劳。操心不已，必然疲惫不堪。因此，死亡就是一种休息。

生与息本来就是一对对立的概念。“休”者，息也；息者，灭也。生死，就是生灭。如此一来，死亡的休息意义，与万物的生灭变化，完全沟通起来，生死具备了一种完全的自然意义。这也许就是《庄子》想传达出的达生死观念。

死亡是休息的观念，与生是“倒悬”的观念直接相反而相成。《养生主》《大宗师》中的“悬解”，即以死亡为倒悬的解除，让人归于正常的休息状态。《知北游》中，也有相近的说法：“解其天弢，堕其天袠。”这就是说，活着就是被束缚起来，只有死去，才被放下来休息。解倒悬的说法，与佛教以死为解脱的说法，有些相似。但其实并不相同。“悬解”是一种世俗的关怀，“解脱”则是一种来世的关怀，与庄子的出发点和归宿都是不一样的。但是，生命的安息意义，却是一样的。

南面王乐

《庄子》曾经说死亡是“南面王乐”，有“至乐”的味道。似乎《庄子》以死为乐，以生为苦，有佛教极乐世界的想法。其实，这是一种误解。这种误解，主要有两个方面。一是《庄子》的这些寓言，有一定的语境，言说的故事，有特定的含义，而不是字面的意义。二是《庄子》在一般意义上表达的，也不过是顺任自然的意义，与鼓励轻生有着根本的区别。

《至乐》篇有“南面王乐”的寓言。庄子到楚国去，见到一颗死人头骨，用马鞭子敲打着骷髅问道：“先生是由于贪图享乐，放纵情欲，丧失养生之理而成为这样的吗？或是遭遇亡国之事，为斧钺诛杀而至于此呢？或是你做了不善之事，怕给父母、妻子留下耻辱而自杀的呢？或是你因为挨饿受冻而成为这样呢？或是你年事已高本该如此呢？”就这样讲完，拉过骷髅，枕在头下睡去。半夜时，骷髅显现在他的梦中，对他说：“听您的言谈好像是位善辩之士，看你所说之事，都是活人的负担，死人则没有这些。您愿意听听死人的快乐吗？”庄子说：“好的。”骷髅说：“死后，没有君在上面，没有臣在下面，也没有一年四季的操劳之事，放纵自如与天地同在，虽然南面为王的乐趣，不能超过啊。”庄子不相信，说：“我让主管生死之神复活你的形体，还给你骨肉肌肤，归还你父母、妻子、邻里和朋友，你愿意吗？”骷髅深深皱起眉头，现出愁苦的样子说：“我怎能舍弃南面为王的快乐而再次去受人间的劳苦呢？”

骷髅为什么不愿再复活而重回人间呢？按照骷髅的说法，死后“无君于上，无臣于下，亦无四时之事”，也没有君臣、父母、妻子、闾里、知识这些人际的纠缠，就是骷髅所说的“人间之劳”。这两个方面，在《人间世》中被总结为“大戒”：“天下有大戒二：其一，命也；其一，义也。子之爱亲，命也，不可解于心；臣之事君，义也，无适而非君也。无所逃于天地之间。是之谓大戒。”骷髅所痛绝者，乃“家”中之“累”，所乐者乃离“家”之逍遥。父权、君权真成了两种“枷锁”。《山木》篇说：“彼以利合，此以天属也。夫以利合者，迫穷祸患害相弃也；以天属者，迫穷祸患害相收也。”君臣关系是一种政治关系，父子关系是一种伦理关系；前者是外在的，后者是内在的。但是，这两种关系，却都足以让“为臣子者，固有所不得已”而萎缩于“家”之中。这就是“家”中之“累”。这则寓言还举出了五种死亡的情形：一是阴阳之事，即“贪生失理而为此”；二是人祸，即“有亡国之事、斧钺之诛而为此”；三是轻生，即“有不善之行，愧遗父母之丑而为此”；四是“有冻馁之患而为此”；五是“春秋故及此”。除了春秋年高而死者，其他没有一种是自然的死亡。这就是“生人之累”的体现。

庄子以生为累，以死为“南面王乐”，岂不就是说自杀是一种解脱？但在庄子看来，生命是自然的。违反自然而求生与违反自然而求死，都是不合乎自然的。死亡中有生命之乐，但不自然的死亡却是生命的戕害。保全生命以顺乎自然，“善吾生者，乃所以善吾死”，善生善死，才是人生的本然。庄子说：“为善无近名，为恶无近刑。缘督以为经，可以保身，可以全生，可以养亲（身），可以尽年。”近名、近刑，有害于生命之自然。

三、生死的态度

庄子以审美的态度看待生死，把生命艺术化，净化了生命的荒诞与无奈，提升了生命的自然与逍遥。其态度可概括为不即不离。生命如浮萍，随化而飘游，落叶而归根，有祭有葬，却不以哀而以乐，全然一副达死生的气派。

临尸而歌

“临尸而歌”是“方外之人”的吊唁方式。“诗言志，歌咏言。”《庄子》中的诗歌，更是言志达意的特殊形式。孔子游于匡，宋人围之数匝，而弦歌不辍；孔子被困于陈、蔡，弦歌不辍；曾子居卫而歌《商颂》，声满天地，诸侯不得友，天子不得臣；吕梁丈人被发行歌而游于塘下；得道者被衣大悦，行歌而去之。这些歌诗，是志向的表达。孔子适楚，楚狂接舆游其门而歌，讽喻孔子迷途知返。“临尸而歌”，对以死为“南面王乐”而回归自然的《庄子》来说，非但不是奇怪的形式，反而是正常的形式了。

《大宗师》有一则“临尸而歌”的寓言。子桑户死了，还没下葬。孔子听说后，让子贡前去帮助办丧事。只见一个人唱挽歌，一个人弹琴，二人相和而唱：“哎呀！桑户！来！哎呀！桑户！来！你已经返本归真，而我们还是活着的人啊！”子贡上前说：“请问你们对着尸体唱歌，这合乎礼仪吗？”二人相视而笑着说：“他怎么懂得礼的真正意义呢？”子贡返回，把这件事告诉给孔子，说：“他们是什么人呢？不用礼仪修养德行，置身度外，面对死尸而唱歌，面无哀容，没法形容他们，他们是什么人呢?”孔子说:“他们是处于礼教世俗之外的人,而我是处于礼教世俗之内的人。外内是不相通的。我让你去吊唁他,我实在太固陋了!他们是同造物者为友的人,游于天地一气之中。他们把生命看作累赘,把死亡看成脓疮的溃破,像他们这种人,又怎能去分别死生的好坏呢!”方外之人,以死为疮毒的溃破而回归于自然,是迷途知返,又岂能计较于世俗的生死礼节呢?方外之人悖逆于世俗,“长歌当哭”。

方外之人,轻于世俗的哀戚,淡于丧葬之礼。《养生主》中,老聃死了,秦失去吊唁,哭一阵就出来了。在秦失看来,老聃适时而来,适时而去。老聃的死,是安时而处顺。这是倒悬的解除。哀哭不已,不过是囿于世俗的哀乐而违背了生死之自然,就会“受自然的刑戮”。“庄子妻死鼓盆而歌”的寓言中,庄子妻子刚死的时候,他很伤心,待心情平静下来后,他领悟到死是返本归真,休息于天地之间,就鼓盆而歌起来。

境界不同,生死观各异,表情达意的方式自有差别。方内之人,特别是沉浸于儒家仁义礼智之徒,生前强分君子小人,死后亦分贵贱,“明于礼仪而陋于知人心”。将哀悼生命消逝的自然之情,当成教化民众、移风易俗的形式,注重丧葬礼仪的隆重肃穆,渲染死亡的恐惧,给生者以压抑。生者吊唁死者,表达哀悼之情,宽慰自己失去与死者曾经确立的一种身份(关系)而带来的痛苦,表达一种自然的感情。夹杂了世间冷暖、人际纠葛,哀悼场面越隆重,对生者摧残越大。如此背离人的自然之情,不过是受到自然“刑戮”后的举动。《庄子》的寓言人物,“临尸而歌”,恢复了人对生命来去的自然之情,依然吊唁死者,“三号(哭)”而止,歌而达意而止,宣泄自然之情。

不同民族对死亡的看法不同,也有不同丧葬文化和习俗。有临尸而哭者,有临尸而歌者,也有临尸而忆者,不一而足。

乡间有“红白喜事”之说，寿终正寝的人，被称作“喜丧”。唢呐鼓乐齐鸣，更有现代影视助之，哀乐融而为一，得庄子之意。

以天地为棺椁

《列御寇》中，庄子以天地为棺椁的寓言，可以称作“裸葬”的先声。这则寓言将葬礼作了诗意的描写。庄子说：“我把天地当作棺椁，把太阳和月亮当作连璧，把星辰当作珍珠，把万物当作陪葬品。我的丧葬用品还有什么不齐备的呢？还有什么比这更好的呢！”弟子说：“我们害怕乌鸦和老鹰吃掉你呀！”庄子说：“不让乌鸦和老鹰吃，而让蝼蛄和蚂蚁吃，从乌鸦老鹰那里夺过来给蝼蛄蚂蚁，为什么这样偏心呢？”庄子调侃式的“黑色幽默”，化解了死亡的荒诞和黑暗，将丧葬之礼，描写成了比婚礼还华丽浪漫的场面，寓生死自然的哲理于言笑之间，让死亡获得了哲学的意义。

《庄子》的“裸葬”主张，在汉代就有践行者。班固《汉书》详细记载了汉武帝时杨王孙的“裸葬”。杨王孙家业甚大，生活优裕，保养身体无所不至。但到临终时，却要求他的儿子将他裸葬，说：“我想裸葬，以恢复我的本真，务必不要改变我的心意。我死后先用布袋装上尸体，埋入地下七尺，然后从脚部拉下布袋，好让我的身体亲近黄土。”他的儿子左右为难，既怕违背父命，又不忍心将父亲裸葬。就去拜见杨王孙的朋友祁侯。祁侯给杨王孙写信说：“王孙忍受着疾病的折磨，我近来却非常紧张地随从皇帝到雍地祭祀，没时间前往问候你。我听说你让儿子把你裸葬，倘若死者无知觉则罢，如果有知觉，那就是在地下丑化尸体，并将赤条条地去拜见先辈，我自以为王孙不该采取这种裸葬的办法。而且《孝经》中说过‘对死者要做好棺木、穿好衣服、盖好被子’，这也是圣哲留下来的规矩，你何必固执己见。希望王孙明察。”杨王孙回信说：“我听说古代的圣明君主，因为体察到人们都不忍心看到亲人死去，所以特别制定了人死后埋葬的一些礼制，现在人们的做法已远远超过了这些礼制。我之所以要裸葬，是为了匡正不良的世风。厚葬实在对死者没有好处，而世俗之人却竞相提高标准，耗尽钱财，让它在地下腐烂。有些甚至今天埋下去，明天就被人挖出来，这又和暴尸荒野有什么区别？况且人死了，是终结一生的最后变化，也是返回应去的地方。要归去的到了他应到的地方，要变化的变到应变的地步，这就是各自返本归根。以华丽的装饰向众人显示华贵，以厚葬隔离了应返回的地方，会让归去的到不了应去处，该变化的不能自然地变化，就使物都丧失了本来面目。圣明的君主让活着的人得到好的养生条件，让死去的人得到应有的葬埋。不在无用之事上下功夫，不在没有意义的地方损耗财力。现在耗费财力搞厚葬，阻滞该去的地方，死者不知道，生者得不到，这不是十分地糊涂吗？唉！我不能这样做。”祁侯只好说：“好！”于是就裸葬了杨王孙。

杨王孙学黄老养生之术，可能受到《庄子》的影响。关于“裸葬”的想法中，反对厚葬靡财，有墨家影响；主张返本归根，得《庄子》遗意。班固赞赏杨王孙的特立独行，说他远贤于秦始皇。晋代王羲之说：“老夫志愿尽于此也。”东晋诗人陶渊明称赞说：“裸葬何必恶，人当解意表。”但是，唐代史学家刘知几则批评说，杨王孙裸葬，狂狷悖礼，考其一生，更无他事，而冠之传首，不是荒唐吗？赞者赞之，贬者贬之。仔细来看，似乎都未留意细节。世俗流行厚葬，杨王孙意在矫正世俗，反世俗之道而为之，未出世俗之心；杨王孙生有千金，死而裸葬，是否“作秀”？杨王孙“裸”而未“露”，入土为安，倒得《庄子》“以天地为棺椁”之意。

一死生

庄子生逢乱世，满目皆浊，未免厌恶世俗人生，但却热爱生命。否则，他便不会大谈什么生为悬解、生死为一的道理。不过，同是热爱生命，道家人物庄子与儒家却是不同的心情。《论语》的《泰伯》篇有曾子的名言，很能代表儒家的心态："士不可以不弘毅，任重而道远。仁以为己任，不亦重乎？死而后已，不亦远乎？"人生道路漫长，生以追求仁义，死以实现仁义，达到道德境界。但是，庄子刚好相反，重视生命的本然状态，肯定人的自然本性，认为一切的人为造作使人丧失了生命的本真状态，不能顺任自然。

在《庄子》中，生与死是平等的，或者说，生与死是齐一的。以道观之，无生无死，何贵何贱？在庄子看来，万物"方生方死，方死方生"，生死之间，原没有根本的分别。生是生命的从无到有，也是生命的从有到无，即从没有形体到有了形体，同时也是从有形体走向没有形体。世界万物的生灭如此，人类更不例外。这是一种辩证的关系，却为世俗所忽视，执着于生死的分别，悦生而恶死，沉浸于死亡的哀痛之中，失却了生死如一、生死平等的真相，远离了人的自然之情。

生死如昼夜，不断交替。立足于个体的生命，无视宇宙自然的变化，也无法看清生死的真相。有昼就有夜，有夜就有昼，有生就有死，有死就有生，这是事有必至，理有固然。将人类置于自然大化之中，与万物平等看待，生灭变化就是昼夜交替而已。庄子将人类的生死与万物齐一看待，化生死而为一，破解了人类悦生恶死而以自我为中心的局限。

生死如来去，其来不可止，其去不可留，适时而止，适时而去。生死是有时间的，借其时而生，借其时而死，这本身就表明生死不过是一种时间的寄托而已。因此，庄子以生死为假借，意识到生命的时间意义。庄子强调生死如一，在一定意义上也是破除了生命一去而不复返的时间一维性，而将生命的时间性置于时间的无限性之中，提高了生命的时间意义。

生命为气之聚散，生死统一于气。生命寄托于身体，生死是有形之物的生灭。在庄子看来，生命借着不同事物，结合而形成一个身体生命。就形体看，的确是“异物”，就生命看，却是“同体”。只有超越于“异物”，才能看到生命的本体。《至乐》篇中，庄子从生追溯到形体，再从形体追溯到气，再由气而追溯到“杂乎芒芴之间”，一步一步超越了“异物”，将生死彻底返归于气，而且归于“杂乎芒芴之间”，揭示了生命的终极过程。这是一个气散而聚，聚而散，聚散无端，归于一气的过程。循环无端，死生为一。用《大宗师》中的话来说，这是一个以无为首，以生为脊，以死为尻的过程，有首有尻，始终为一。这就是《庄子》说的“死生为一条”“死生存亡一体”“万物一府，死生同状”的意义。在一定意义上说，气是生命的主体，世俗生命获得了更高的主体意义。

死生为一，为什么还要养生？其实，《庄子》的养生，是让生命归于自然，像“庖丁解牛”一样，让生命以神遇而不以目视，官知止而神欲行，依乎天理，因其固然，以无厚入有间，游刃有余，“安时而处顺，哀乐不能入”。或者用《达生》篇的话说，就是“用志不分，乃凝于神”，就是“善养生者，若牧羊然，视其后者而鞭之”，而不能破坏生命之自然。

第 7 章

大美不言

《庄子》是诗，是寓言诗，是思想的诗。《庄子》的美，不同于世俗的美，而是寓言的美。德国哲学家海德格尔提出“诗意地栖居”，与《庄子》追求的境界是相近的。

一、宇宙有大美

《庄子》齐万物，一是非，达死生，等贵贱，视宇宙为一体，尽情审视和讴歌天地间的大美，塑造了大美形象，开拓了博大境界，给世人带来了无尽的审美享受。《庄子》注重“大道不称”“大音希声”之类的大美，成为重要的审美传统。

大道不称

“道”是宇宙的根本，最高的存在，也是最博大的境界。《知北游》篇说：“道不可道，可道非道也。”当代哲学家冯友兰借用《庄子》的词语，将“道”称为“大全”。“道”本身就是一种“大全”的美。《天地》篇说：天地有大美而不言。这种“不言”的美，来自“道”之美。

道不可道，“大象无形”。道是没有形象的，如何描绘出它的大和美？道家的特殊方法就是“正言若反”，即采用否定的方式称说道之大和美。适当地对道进行比喻，描述直觉体会，也是一种补充方法。不过，采用比较的方式，衬托、渲染道的境界，也是《庄子》的特殊方法。

《天地》篇说：“夫道，覆载万物者也，洋洋乎大哉！”“大”是《庄子》注重的形象之美。《逍遥游》篇，开头就写鲲鹏之大，大椿、灵冥寿命之长，进而托出“无穷”境界之大。《齐物论》篇从有始追问到无限，极力写宇宙的无穷无限。《大宗师》篇，描述了“道”的无限：“自本自根，未有天地，自古以固存；神鬼神帝，生天生地；在太极之上而不为高，在六极之下而不为深，先天地生而不为久，长于上古而不为老。”道高不可及、深不可测、久不可追、老不可比，超出了天地万物的极限，而进入无穷、无限的领域。道是形而上的存在，不可感觉，而美是要通过一定的形象体现的。因此，道之美，不能直接描述，只能通过烘托、渲染，借天地万物的形象来衬托出。

《秋水》篇描写道之美，最为典型。全篇的核心部分是河伯与北海若的七段对话。河神河伯看到秋天来临后，百川灌河，洪水之大，两岸不辨牛马，以为天下之美尽在于己而沾沾自喜。顺流而下，东行到北海，放眼望去，看不到大海的尽头，自觉贻笑大方。海神北海若对河神说，万川归海，天下之水莫大于海。大海不受四时、水旱影响，但若与天地阴阳相比，不过就是像小石小木于泰山一样；四海于天地，不过是蚁冢之在大泽；中国于海内，不过稗米之在谷仓；人居万分之一而已，就像马身上的毫毛一样微小。天地以外还有天地，以至无穷，大不可极。人在无限的宇宙中，就更渺小了，必须突破自身限制，才可能认识无穷以至大道。道之大，借烘托、对比方能让人感觉其形象之美。换句话说，道非一物，只能想象，不能描绘，只可烘托，不可言说。这正是道不可言说的美。

道生天生地，覆载万物，这本身就是像音乐一样的大美。《天道》篇写出了这种“天乐”之美。本篇借庄子之口说：“道啊！我的老师！打碎万物不算作暴戾，恩泽及于千万代不叫作仁慈，比上古更年长不称为长寿，覆盖承载天地，创生万物的形态而不称为巧，这就叫作天乐。知晓天乐的人，其生与天道一同运行，其死为物相变化。与阴同归于虚静，与阳一同浮动。知晓天乐的人，不抱怨天，不非难人，不受外物牵累，不责备鬼神。这样的人动时如天之运行无滞，静时如地之虚静充实，其心安定而为天下王；鬼神不会带给灾祸，精神也不会疲劳，其心安定而万物顺服。这些话都是说把虚静无为推行于天地，畅通于万物，这就叫天乐。”“天乐”既是道创生万物之美，也是人与天地同游的感受。这是道之美最高表现。

大音希声

《老子》说：“大音希声，大象无形。”这一说法，为庄子所发挥，形成了一种审美传统。

“大音希声”是《老子》开创的道家审美理念，意思是说，最美的声音乃是无声之音，局限于具体的声音之美，就会丧失声音、形状的自然全美。庄子将最美的声音称为“天籁”。《齐物论》把声音之美分为“人籁”“地籁”“天籁”三种。“人籁则比竹是也”，即人弹奏的琴弦箫管之类的音乐，是最下等的；“地籁则众窍是也”，即风吹孔窍之声，属中等；“天籁”则“吹万不同，而使其自己也。咸其自取，怒者其谁邪?”即天地万物自生的自然之声，为上等。在《天运》中，庄子论述了“天籁”的特点：“听之不闻其声，视之不见其形，充满天地，苞裹六极。”郭象解释说：“此乃无乐之乐，乐之至也。”万籁俱寂，万象肃穆，万物入静，一片寂寥，月明星稀，秋声似有还无之时，大地一片银色，仔细谛听天地间的声音，似乎又来自人的心灵，却又弥漫山川大地，仿佛来自宇宙太空。与其听之于耳，不如听之于心；与其听之以声，不如听之以音。渺小的宇宙过客，与天地共生，与万物为一。多少个宁静的乡间夜晚，有谁感受过这种无声之音呢？“此时无声胜有声。”偶尔一声鸟鸣，会划破大自然的宁静之声；一声人的喧嚣，大音之美全失。《齐物论》篇说：“有成与亏，故昭氏之鼓琴也；无成与亏，故昭氏之不鼓琴也。”鼓一弦而无他弦，不如置而不鼓，五音自全，存大道自全之意，体会天地间“大音希声”的美，不让世俗的声乐，破坏或代替自然全美之音。陶渊明挂无弦琴于墙，称：“但识琴中趣，何劳弦上声！”正取全美之意。

人类的声音是“成心”之音，限于是非、彼此、大小、长短、美丑、物我、天人的分别之中，是大音的丧失和亏损。因此，《齐物论》篇提出“和之以天均，因之以曼衍”。那些辩论的言辞相待而成的，如果要使它们不相待而像没有对立一样，就要用自然之分际（天均、天倪）来调和它们，让它们顺应着无穷的变化而流逝，从而让世人能安享一生而不受困扰。忘掉生死岁月，忘掉是非仁义，就能畅游于无穷的境界，这样也就把自己寄托在不能穷尽的境域了。

这种美的观念和追求，体现的是“万物为一”“道通为一”理念，表达的是去除人类“成心”而归于自然之意。老、庄对于自然全美的推崇，成为中国古代文学家、艺术家所追求的一种崇尚自然天成、不事雕琢的最高艺术境界。

后代的许多诗论、画论，多以“全美”“自然”相标榜。唐代钟嵘《诗品》提倡“自然”“真美”，元结推崇自然、“全声”，司空图主张“以全美为工”；明代徐文长《赠成翁序》说：“夫真者，假之反也。故五味必淡，食斯真矣；五声必希，听斯真矣；五色不华，视斯真矣。”都是这一审美传统和观点的引申及进一步发挥。当然，“大音希声”却不得不以声音来表现。白居易《琵琶行》中，没有“嘈嘈切切错杂弹，大珠小珠落玉盘”等的“有声”，则“此时无声胜有声”的“大音希声”的境界就无法表现出来；没有蜩与学鸠之类的小智小境界，就无法表现大鹏的境界，更无法表现“游于无穷”的大境界。

化臭腐为神奇

《庄子》的审美观念，强调大美、壮美，注重神奇之美。化臭腐为神奇，是庄子特殊的审美境界。

《庄子》以丑为美。《知北游》篇中，东郭子问：道在什么地方？庄子回答说：无所不在。东郭子不解，想让他证实一下。庄子先后说：道在蝼蚁；道在稊稗；道在瓦甓；道在屎溺。东郭子不解地问：为什么每况愈下呢？原来，道并非一物，如何能用道是什么的普通方式去了解呢？道“无所不在”的命题，赋予天地万物以道的本性，也使天地万物获得了美的价值。《知北游》说：“万物一也。是其所美者为神奇，其所恶者为臭腐。臭腐复化为神奇，神奇复化为臭腐。故曰‘通天下一气耳’。圣人故贵一。”天地万物归一于道，处于天地之气的变化之中，聚而散，臭腐化为神奇，散而聚，神奇化为臭腐，这正是事物变化生灭中的神奇之美。蝼蚁、稊稗、瓦甓、屎溺是常人眼中不美或丑的东西，但这些东西之中无不体现着道的光辉，臭腐之中包含着神奇。《庄子》的审美眼光是天才的，它揭示了艺术审美的复杂性和独特性。《山木》篇的末尾的寓言说，杨朱去宋国，寄宿在旅店里。旅店主人有两个小妾，其中一个漂亮，一个丑陋，丑陋的被尊崇，漂亮的被轻贱。杨朱问其缘故，店主人回答说：“那个漂亮的自以为很漂亮，我却不知她哪儿漂亮；那个丑陋的自以为丑陋，我却不知她哪儿丑陋。”杨朱说：“弟子们记住，品行贤德而又能丢掉自以为贤的想法，哪里会不受爱戴呢！”店主人以丑为美、以美为丑，超出了世俗之见，体现着《庄子》以丑为美、化臭腐为神奇的审美眼光。

《庄子》以形残为美。《德充符》篇，是以残为美的专论。鲁有断足者王骀，从之游者与仲尼差不多。王骀齐同生死万物，与道相辅而游，断足不影响其德之美。执政子产以权贵骄于断足者申徒嘉，申徒嘉不以断足为意，游于形之内，得有德者之美；断足者叔山无趾不以断足挂怀，追求尊于足者，而有形残之美；卫国丑陋的人哀骀它，不言而信，无功而人亲近他，才全而德不落形迹；有位守门人支离无唇向卫灵公游说，卫灵公很喜欢他；有位脖子生大瘤子卖盆瓮的人向齐桓公游说，齐桓公很喜欢他。这些人都是德性有所长而形体丑陋，但其丑陋被人遗忘了，只让人感觉到他的美而忘记了他形体的丑。这是丑化而为美。

《庄子》中神奇的美往往表现在技艺之中。《养生主》中，与其说庖丁在解牛，不如说他在进行艺术表演。他手抓的，肩扛的，脚踩的，膝顶的，都发出的响声，没有不符合乐音的；他以神遇而不以目视，似乎是在进行艺术审美；踌躇满志的神态，有似英雄凯旋。诸如此类的技艺描写，如吕梁丈人没于水、任公子巨钩钓大鱼，写得惊心动魄，引人入胜，得技艺神奇之美。这种美，已经超越于技术之上了，而进入了道的境界。

二、世有至德

美根源于道，体现于天地之间。但是，战国时代，兵荒马乱，政治黑暗，民不聊生，何处是社会之美？《庄子》想象了无何有之乡、明王之治、至德之世、建德之国，构筑了道家的社会理想。

无何有之乡

现实世界是纷乱的，《庄子》的热情只能寄托在理想之中。简单地说，《庄子》内篇中的理想，比较抽象，重点谈“无何有之乡”“明王之治”；外、杂篇比较明晰，提出“至德之世”“建德之国”的明确愿景。从“知人论世”的角度看，庄子所处的时代，前景尚不明确，而庄子后学时代，未来逐渐清晰，蓝图更为具体。

“无何有之乡”的用语在《庄子》中出现的次数不多，却颇能代表《庄子》的遐想。《逍遥游》篇的末段，庄子与惠子辩论有用无用的问题，最后就归结为逍遥于“无何有之乡”。惠子对庄子说：“我有一棵叫樗的大树，树干长着大疙瘩，无法打上墨线，小枝弯弯曲曲，不合乎木匠的规矩，生长在道路旁，木匠连看也不看它一眼。你的言论，就像这大樗一样大而无用，大家都弃你而去。”庄子说：“先生你没看那野猫和黄鼠狼吗？它们伏下身子以等候那些来来往往的小动物。有时左右跳跃，不避高下，踏中机关，死于网罟。牦牛庞大的身躯像挂在天上的云彩，然而不能捕鼠。现在先生有这棵大树，却忧虑它没有用处，为什么不把它栽到什么也没有的地方，以及那无边无际的旷野，来往徘徊其侧，逍遥其下，免遭刀斧砍伐而夭折，没有什么东西来伤害它。它没有什么用处，又哪里会有什么困苦呢？”“方内”世界是一个“有用”的世界，“有用”不免于争而残生伤性，而不能全生安命。“无何有之乡”是“方外”世界，无功利的烦扰，无声名的牵挂，无恐惧的担忧，无是非的困苦，甚至可以连自己本身的存在都忘记了，而回到大自然的怀抱，处于逍遥、自如的状态。“无何有之乡”，也可叫“广漠之野”“方外”“四海之外”“六合之外”等等；“乡”“野”与“都”“市”相对而称，是被边缘化的偏远之地。外篇的《山木》篇称“无人之野”并将它落实到了“建德之国”。

“游于无何有之乡”是得道之人的生活世界。《应帝王》将游于“无何有之乡”“六极之外”“圹埌之野”“无有者”与“为天下”对立起来。游于“无何有之乡”，有这样几个特征：一是“与造物者为人（为伴）”，顺应自然。“造物者”即自然，没有主观意志和意识，《庄子》中常见的用法，但没有今世“造物主”的意义，却是对天地自然生万物的概括，与《老子》所说的“天地不仁，以万物为刍狗”之意相近，表示顺任万物自生自化。“与造物者为人”，正是指自然为友。二是出于六极之外。“六极”“六合”指我们生活的世俗世界，游于“无何有之乡”就是“出于六极之外”，达到了礼俗世界之外，不为礼乐制度所束缚和异化。三是逍遥自在、闲放不拘、怡然自得。游于六合之外，无人事之扰，享受闲适的乐趣。四是得人生的“大宁”，即最安宁的感受，充分享受精神的愉快和自由。无何有之乡、无人之野，远离战国时代的纷乱喧嚣，是最安静的去处。庄子所梦想者，就是这种“大宁”的境界。

“无何有之乡”是庄子道的世界和精神境界的象征性表达；游于无何有之乡，是庄子游世理想的象征。游于无何有之乡的，正是浊世游子，及其寓言化的人物甚至大鹏、鹓鸰等这些象征性形象。《庄子》游子思故乡的主题，于“无何有之乡”的理想中得到突出体现。

明王之治

任何伟大的思想家，都不会绕过政治透视宇宙人生。政治哲学也是《庄子》的重要特点。从《庄子》的内篇来看，虽然它没有提出明确的政治蓝图，但这种抽象的形而上思考，可能更吸引人。

《应帝王》是内篇政治哲学的代表作。庄子提出的政治理想，可以概括为“明王之治”。杨朱去见老聃，问道：“请问到底什么叫明王之治？”老聃说：“明王治理天下，功德覆盖天下，好像和自己不相干；化育万物而人民并不感到依赖他；得到功劳不去称举表白，使人各得其所，而自己却站在深不可测的境地，与虚无之道同游。”聪明强悍，不过是礼法仁义乱民于名利之途，何足以治天下？借用《在宥》的话来说，“举天下以赏其善者不足，举天下以罚其恶者不给，故天下之大不足以赏罚”。天下之大，以赏罚为事，只会激起天下人争名夺利，喧嚣不已。于赏罚的对错多少之中，天下人何以能安心于自己的本性？法家人物韩非子将“赏罚”称作“二柄”。秦始皇以“二柄”治天下，秦二世而亡。而“明王之治”，本着自然的精神，使天下万民各安其所、其业、其性，只是知道有个在上者而已。这就是《老子》所讲的“玄德”。明王有德于民，功成不居，施而不求其报，体现着道家无为而治的道德。

明王治世，出于不得已。《应帝王》篇通过天根之问来表达这一道理。天根向无名人请教：“请问怎样治理天下？”无名人说：“你这个鄙陋的人，为什么问这使我不痛快的问题呢？我正在和造物者为友，厌烦时，就乘轻盈虚无的鸟，飞翔到六极之外，遨游于虚无的境界，在广阔圹荡的地方生活。你又何必用治天下这种梦话来打扰我的内心呢？”天根再次向无名人请教。无名人不得已说：“游心于虚无恬淡之境，清静无为，顺应万物之自然而不夹杂私意，天下就大治了。”在无名人看来，治世是卑陋之事，游于“无何有之乡”才是更重要的事情。而治世也不过像游于方外一样，顺应自然而去除自己的私意，虚心而顺任自然，天下才能大治。但是，现实中的人君，却不懂得这些道理，而是按自己的意愿制定法度，要求万民服从，只能像在大海中凿河、使蚊子背负大山一样既悖情理也徒劳无益。“明王之治”，在上者无为而治，在下者各尽所能，这是其核心。

“明王之治”的实质是安民之性。《应帝王》篇对此多有描述。蒲衣子说：“有虞氏赶不上泰氏。有虞氏标榜仁义以交结人心，虽然也能得到人心，然而从未能跳出外物的牵累。泰氏睡时安闲舒缓，醒时逍遥自得，任人呼以自己为马，以自己为牛。他的理智真实，他的德性纯真，未曾陷入外物的牵累。”如何才能不受外物的牵累？《应帝王》说：弃绝求名，弃绝谋略的心计；弃绝专断，弃绝智巧的作为，体会无穷的大道，游心于寂静的境界；禀受自然的本性，心境空明，顺物自来自去而不加迎送，心灵如镜子般无所隐藏，能够胜物而不被物所损伤，何累之有？

“明王之治”也是一个社会达到的浑沌境界。《应帝王》篇的末尾，有一个浑沌寓言。南海的帝王叫倏，北海的帝王叫忽，中央的帝王叫浑沌。倏和忽时常在浑沌的地方见面，浑沌款待他们特别好。倏和忽共同商量报答浑沌，说：“人们都有七窍用以看、听、吃喝、呼吸，唯独浑沌没有，我们试着给他凿成七窍。”一天凿成一窍，凿到七天浑沌就死了。浑沌之死象征着智巧对人世间的破坏。

“明王之治”不是自然的、淳朴的政治，远离人间世的智巧。

至德之世

“至德之世”是《庄子》外篇提出的社会政治理想。按照刘笑敢先生的说法，这是庄子后学中无君派的主张。《知北游》

篇也有“至德之世”的说法，却属于黄老派。《山木》篇有“建德之国”“大莫之国”，杂篇《盗跖》也有相近的说法。这些主张比“明王之治”明晰一些，也激进得多。

《马蹄》篇表述的“至德之世”最为明确：“至德之世，其行填填，其视颠颠。当是时也，山无蹊隧，泽无舟梁；万物群生，连属其乡；禽兽成群，草木遂长。是故禽兽可系羁而游，乌鹊之巢可攀援而窥。夫至德之世，同与禽兽居，族与万物并。恶乎知君子小人哉！”这段话至少包含了下面几层意义：一是至德之世没有君子小人之分。内篇的《人间世》还以君臣、父子为天下的根本法则。此处明确提出没有君子小人之别，这是一种大胆的平等主张，就像《至乐》篇的寓言说的，人死以后无君于上、无臣于下。等级分别是古代社会的典型特点。否定君子小人之分，有一定的革命意义，是中国古代无君论的开端。二是民性素朴，无知无欲。民性自然朴素，行走悠闲，目不斜视，知足常乐，安闲自适，这是至德之世的基本特点。但是，等到出现圣人，教人点头哈腰去行礼，以匡正天下人的行为举止，把仁义抬举得高高的，让人仰慕，以安慰天下人之心，天下之人开始崇尚智力，争夺功利，一发而不可收。这完全是圣人的过失。《天地》篇说，至德之世，不崇尚贤才，不任用能者，君主如同树梢上的细枝，民众如山野中自由奔跑的野鹿。因此，《马蹄》篇说：“吾意善治天下者不然。彼民有常性，织而衣，耕而食，是谓同德。一而不党，命曰天放。”耕而食，织而衣，这是接近自然状态的自给自足生活，代表着古代社会的理想。三是安居乐业。民性自然而安居乐业，是至德之世的基本要求。《胠箧》篇说：“子独不知至德之世乎？……当是时也，民结绳而用之，甘其食，美其服，乐其俗，安其居，邻国相望，鸡狗之音相闻，民至老死而不相往来。若此之时，则至治已。”《庄子》坚持着《老子》“小国寡民”的社会理想，将民安居乐业作为至德之世的重要目标。四是人与自然和谐相处。在《庄子》看来，“物无贵贱”，人与物平等。在这个意义上说，物本身与人一样，是有价值的，人与自然友善相处，并立而生。这一想法，其实在古代乡间，或许是一种事实。就我们游历的许多地方，偶尔也会看到，松鼠与人相戏、鸽子与人相伴、麋鹿与人相随、鸟雀环人而居，人与自然之间，达到“万物群生，连属其乡；禽兽成群，草木遂长”的场景。这是道家自然主义理想的体现，只是少之又少而已。

道家的“自然”，即自然而然，这种状态表明事物的一种自主性发展状态，接近于当代的“生态”概念。《马蹄》篇中，“恶乎知君子小人”的结论，恰好是与“族与万物并”相联系，表明了人与万物的平等性，或者说蕴含着自然面前人人平等的意思。人与万物都是平等的，人与人之间还能有君子与小人之分吗？《庄子》的这些思想，与当代生态主义观念是相通的。

三、人有至真

天地之美、万民之安，体现在人的至真之上。真知、真性，合而言之，真人，是道家思想的归宿。

真知

《大宗师》明确地说：“有真人而后有真知。”什么是真知？真知就是对道的理解把握。追求真知，是庄子及其学派的重要主张。

以不知为答是《庄子》的重要特点。《齐物论》啮缺问乎王倪曰：“子知物之所同是乎？”曰：“吾恶乎知之！”“子知子之所不知邪？”曰：“吾恶乎知之！”“然则物无知邪？”曰：

“吾恶乎知之!”《应帝王》中，啮缺问乎王倪，四问而四不知。《知北游》中，知问无为谓曰：“予欲有问乎若：何思何虑则知道?何处何服则安道?何从何道则得道?”三问，而无为谓不答也。知以之言也问乎狂屈，狂屈曰：“唉！予知之，将语若。”中欲言而忘其所欲言。知不得问，反于帝宫，见黄帝而问焉。黄帝曰：“无思无虑始知道，无处无服始安道，无从无道始得道。”道不可言，言而非道。上述这些以不知为主要内容的问答，其实是有答案的：道不可知，知者不知，不知者知。换言之，不知才是真知，知者肤浅，不知深刻。《庄子》的知与不知，与常识是相反的，是对常识的怀疑和否定。

就事物而言，《庄子》明确怀疑人的认识的可靠性。生命有限，知识无限；人囿于成见，自贵而相贱；标准是主观的，因人而异；时移世易，贵贱易位；求知是有条件的，而条件本身不可确定。诸如此类的理由，让《庄子》对是非、彼此、大小、美丑等分别，从根本上提出了怀疑。《庄子》怀疑了一切知识，但它从未怀疑道的存在，而且是根据“道”来怀疑万物是非的。这是为什么?原来，庄子认为世俗的认识方式不足以认识道；在此意义上说，道不可言，可言非道。人们喜欢将不可知论的标签贴到《庄子》头上，可能是张冠李戴了。严格来说，《庄子》不是为怀疑而怀疑，或者说怀疑一切，而是与笛卡儿一样，以怀疑为手段，走向体会道的途径。《庄子》中，经常以疑问的口气讨论，而并没有明显的答案。这些疑问中的疑问方式，并非只是为了引起人的注意，而是对礼乐文明认识方式表示怀疑。

道不可知，却可体；体道，是获得真知的根本途径。知道，是通过感觉和理性的方式，通过知识的增加而获得真理。但是，“为学日益，为道日损”。世俗的知识，是通过“日益”的积累方式获得的，“为道”则刚好相反，是通过对世俗知识的不断清除而体会出来的。在一定意义上说，道本来是清晰的，只是为礼乐政教的非自然知识所遮蔽而无法体会。因此，体会“道”，是跳跃性的，需要领悟而得。《人间世》有言：“闻以有知知者矣，未闻以无知知者也。”借用《养生主》的话说，官知止而神欲行，不以目视而以神遇。以有知知，就是以感觉和理性认识，以无知知，就是以直觉进行体会，即以神遇。《人间世》的“心斋”，《大宗师》的“坐忘”“外物”“朝彻”“见独”等，就是这种“日损”的直觉体验方式。

有真人而后有真知，无真知何以有真人？《庄子》的真人与真知，是二而一的。

真性

道家以真伪论人性，儒家以善恶论人性，法家以有利害论人性，共同构成了先秦人性论的三种基本模式。真伪是道家人性论关注的重点。道家的人性论，强调真性，即人性自然。

不过，就《庄子》来看，内篇间接涉及人性自然的问题，注重“与天为徒”“天而不人”，即重视天之自然。到外篇的无君派才注重人之自然。《骈拇》《马蹄》《胠箧》《在宥》这一组文章，专门论人性的自然真伪问题。杂篇也有许多内容。就全书来看，主张人性的真纯自然，是《庄子》的基本思想，也是其批判社会政治的重要依据。

什么是人性自然？《骈拇》篇认为，仁义就像人并生的脚趾、多出的拇指，既非形体之常，也非道德之正；儒家仁义非性命之情，不合自然，是人性的“胶漆纆索”，即绳索，束缚人性；圣人与盗跖都殉于外物，伤生残性，远离人的自然本性，非性命之常。《马蹄》篇指出：马、埴土、木皆有真性，伯乐、陶者、匠人破坏了它们的真性；圣人以礼乐破坏了民之常性。《胠箧》篇认为，圣智为防止盗贼而制定的礼法仁义，反被盗贼所窃，用来作为护身符，为祸于民，不如绝圣弃智，免得为盗贼所窃取。《在宥》篇认为，三代以下，以赏罚治天下，天下之民求赏避罚，无暇安心于性命之情。《刻意》篇写以仁义、功名治世，背离人的自然本性。《缮性》认为治世的结果是让民丧己于物，失性于俗，成为“倒置之民”。这一组文章，其基本理念是相信人的本性是自然的，世俗的仁义、礼法、赏罚及圣智、俗学、圣人破坏了人的自然本性，人性由纯真自然变成为外物、俗思所奴役的虚伪、巧诈之性，天下由是而归于乱。这组文章，其批判是尖锐的、犀利的，着眼于个人的生命真实，充满了激情，当然也不失偏激。学术界多怀疑这些文章非庄子本人所写。

人性失于伪，该如何去矫治？最直接的就是绝圣弃智、绝仁弃义、绝赏去罚、非毁礼法、抛弃俗思俗学，让天下人的性情回归于自然真实。如何实现呢？《在宥》篇提出：“君子不得已而临莅天下，莫若无为。无为也，而后安其性命之情。”如何做到无为？那就是“在宥”天下。“在”指自在，即任其自然；“宥”宽容，即任物而为。“在宥”就是《老子》所说的“我无为而民自化”。这是外在障碍的排除。就人性内在的方面来说，就需要“心养”。《在宥》篇借寓言说：“修养心境！你一旦处无为之境，万物就会自行生化。毁坏你的形体，闭塞你的聪明，把理与物全忘掉，与自然之气完全同一，去掉心神作用，无欲无知如同枯木死灰。万物纷纭众多，千变万化又各复归其本根，各复本根而不自知；混混沌沌，而终身不离自性。不必过问万物之名，不要窥探万物之实，万物本来是自行生化的。”如此看来，“心养”迫近于内篇所说的“心斋”“坐忘”等方法。这种方法，根本上说，就是《缮性》篇所说的“返其性情而复而初”，即回归本性的方法。

真人

“真人”是《庄子》理想人格的代表和象征。与真人同类的有“至人”“圣人”“神人”“德人”“大人”“天人”“全人”等，与“众人”相对。

《大宗师》篇对“真人”有细致的描绘：古代的真人，不拒绝微小，不妄自尊大，不谋虑事情，有过而不悔，有功而不得意；登高不惧，入水不湿，入火不热。只有认识能达到合于大道的人才可以这样。古代的真人，睡时无梦，醒时无忧，饮食不肥美，呼吸深沉安静。真人的呼吸用脚跟，普通人的呼吸用喉咙。古代的真人，不悦生，不恶死。出生不高兴，入死不抗拒，无拘无束地来去而已。不忘天命之始，不求天年之终，欣喜地接受生，也把死看成回归到自然的道。不用心智弃道，不用意志助天。这就叫作真人。这样的人，心思安定，容貌寂静，面额无光；冷清像秋天，温暖像春天，喜怒如同四时变化一样自然，和万物相处没有不适宜的。这就是真人。

按照当代学者崔大华先生的看法，真人的境界主要有两个方面，一是神奇，二是超脱。就超脱来看，先是“不知悦生，不知恶死”，这是超脱生死；二是超脱于时、命，即“不逆寡，不雄成，不谋士（事）”；三是超脱于情欲，即“古之真人，其寝不梦，其觉无忧，其食不甘，其息深深”。真人也有神奇的人格特征即“登高不栗，入水不濡，入火不热”，具有超凡入圣的特征。超脱于生死、时命、情欲，又有神奇之处，既有真知，也有真性，成为完整的真人人格。

真人的不同的表述，其实是从不同方面揭示其丰富人格的。就《逍遥游》来看，圣人无名，揭示圣人超脱于功名利禄。这则寓言说，尧要把天下让给许由，许由说：“你治理天下，天下已经安定了，而我还来代替你，难道我是为了出名吗？名是从属于实的，难道我还去求取从属的东西吗？我不想对天下有所作为！厨师虽然不下厨房，主持祭祀的人也不会逾越厨师的职位而代替厨师去烹调的。”不越俎代庖，超越了功名。“神人无功”的寓言说，在藐姑射山上有一位神人，肌肤像冰雪般白洁，姿态像处女一样柔美。不吃五谷杂粮，吸清风，饮甘露，乘云气，驾飞龙，遨游于四海之外。他的精神专一，对万物不加闻问。万物不受灾害，年年谷物丰收。德行与万物混同为一，外物不能伤害他，大水滔天而至也淹不死他，天旱热到金石熔化，土地和大山都被烧焦，他也不会感到热。用他身上的细小尘垢和秕糠，就可以造就成尧舜。圣人是超脱的，神人是神奇的，从不同方面代表着真人。“至人无己”代表着真人超越世俗世界的有用无用的，追求无用之大用，摆脱世俗的患害和负累。当然，超脱于世俗的功、名是需要勇气的，超越自己更需要勇气。这是真人境界的最高层。“德人”“大人”的称呼与一定的世俗功业相联系，是真人与世俗相处的表现。“天人”“全人”揭示的是真人的修养。这些不同的称呼，从不同方面表现了真人的人格内涵。

真人超越生死、摆脱世俗、哀乐不入，达到无待、无患、无累的状态，获得安宁、闲适的心境，脱离精神纷扰，游心于尘垢之外，获得心灵的自由。这种自由，通过神人的神奇功能而得到象征性的表现。真人是庄子这位浊世“游子”的理想形象；《庄子》也是真人的“故乡”之思。

第 8 章

冷眼热心看世间

“真人”无待、无患、无累，“冷眼热心”看天下。清代学者胡文英说：“庄子眼极冷，心肠极热。眼冷，故是非不管；心肠极热，故感慨无端。虽知无用，而未能忘情，到底是热肠挂住；虽不能忘情，而终不下手，到底是冷眼看穿。”这一评论，形象地揭示了庄子的精神贵族风貌。

一、眼极冷

仔细读《庄子》，会给人以冷若冰霜的感觉，让人不寒而栗。这是繁华过后的清静，静得让人有点透不过气来，仿佛万籁俱寂之后，将人置身于一个广袤而冰冷的世界，让人谛听那来自宇宙深处似语非语、似有还无的声音，引领着人到了一种“欲辩已忘言”的境界。

清冷

《庄子》的“冷眼热心”是一种“黑色幽默”。在《庄子》寓言浪漫神奇的背后，充满了对孤独的品味、对生命卑微的戏谑、对残酷命运的哀叹、对宇宙荒诞的质疑、对人间丑态的蔑视。从根本上看，这是“认真”之后的失望，是他乡游子的感伤，是超越生死后的心境。

庄子是孤独的。庄子藐视人间万象，粪土当年万户侯，嬉笑人间百态，怒骂世间荒谬，却无法排遣其“冷”意。庄子寻求逍遥游的清静境界，向往“无何有之乡”，逍遥寝卧于拳曲的大樗之下，完全是一副孤独者的身影。《庄子》中的正面寓言人物，几乎独来独往，体会着“道”，最多也不过几个同道相互为友，时有往来，偶尔互相接济，共同体会生命的自然变化。《养生主》中，老聃死了，他的朋友秦失哭了几声就停了，点到为止。就《大宗师》来看，子祀、子舆、子犁、子来，认同生死存亡为一体的道理而相互为友。子舆有病，子祀前往看望；子来有病而喘息待死，子犁前去探望。子桑户死，孟子反、子琴张编曲鼓琴，临尸而歌。子舆与子桑为友，霖雨十日，子桑生计难以为继，病弱不堪，子舆前往接济。这些朋友，真可称得上是“生死”朋友。他们相互以超越生死相勉励，平静地奔向茫茫无人的宇宙，喜怒哀乐不入于胸。这是一群孤独的形象。修道者们，如神人居于藐姑射之山，无名人游于蓼水，鸿蒙游于扶摇之枝，苑风游于大壑之类，形单影只，逍遥于无人之野。“道”是无边无际的，体验“道”的，完全是一群孤独的“他乡游子”。

生命是自我的“家”。然而，这个“家”却来不能迎接，去不能挽留。尽管“人心险于山川”，瞬息之间而游历四海，但还未等人弄明白活着的意义、筹划一下人生的未来，死亡却不期而至。短暂的人生，却又陷入是非、彼此、对错、大小、美丑的世俗争论之中，精疲力竭，成为行尸走肉，虽然形体活着，但其心已死。《徐无鬼》有一则寓言，剖析了人类苟且偷安的卑微。这则寓言说，苟且偷安的人，像猪身上的虱子，选择稀疏毛长之处自以为是广阔的宫殿和大的园圃，蹄边胯下皱褶深处，乳间腿脚的地方，自以为是安全便利的居所，不知道屠夫一旦挥臂摆开柴草操持烟火，自己会和猪一起被烧焦。人生如巨大的黑洞，只能向更黑处走去。如此设喻，岂不让不可一世之辈胆寒？生命是卑微的，人生如匆匆过客，转徙的浮萍，除了与物俱化，还想如何呢？

回首往事，是非、成败、功名、富贵，转头而空，只有青山依旧在。追逐功名利禄，不是"舐痔疮"一样的行为吗？炫耀富贵，这难道不是龙口夺珠子的行为吗？纠缠于是非，难道不是即将被宰杀的猪身上两只争论不已的跳蚤？庄子对世俗的扰攘，投以轻蔑的目光。《庄子》的理想世界以真人、至人、隐士为主，以"无功""无名"甚至"无己"为特征，是一个"高处不胜寒"的世界。

庄子的"冷眼"，是浪漫理想绝望之后的冷淡目光；庄子的"冷眼"，是"冷眼看穿"，近于"是非不管"。当然，庄子的"眼极冷"，不是冷漠。

旁观

"观"，近于"旁观"，是道家观察世界的特殊方式。旁观就是超出事外，保持冷静和清醒，说出"无心之言"。这可能就是《庄子》"卮言"的基本特征。

其实，道家似乎都有旁观态度和眼光，观察问题入木三分，分析问题力透纸背，批判社会淋漓尽致，目光犀利，见解独到。不过，同是"观"的方式和角度，庄子却与其他道家人物有着重要的区别。老子的"观"，可以说是"静观其变"，态度是冷静的；黄老道家的"观"，是"静观其则"，作出清醒决断；而庄子的"观"，主要是"静观其乐"，基本上是一种审美的态度和方法。

"观"的方法是《庄子》的基本方法之一，"静观其乐"

是其突出特点。在《庄子》一书中，“观”字出现了七十多次，不但有静观之意，而且有观赏之意，这是《庄子》独特的观念之一。《庄子》的旁观，超越了世间利害，齐同天人、物我，形成了别具一格的开放视角：“以道观之，物无贵贱。以物观之，自贵而相贱。以俗观之，贵贱不在己。以差观之……以功观之……以趣观之……知尧桀之自然而相非，则趣操睹矣。”《秋水》篇这一口气六种“观”的角度的分析，破除了认识上的褊狭和局限，开辟了宽广的认识视野和想象空间。《天地》篇有“以道观言”“以道观分”“以道观能”“以道泛观”等不同角度。在“庄子与惠子游于濠梁之上”的寓言中，“观其乐”表现得最为突出。庄子看到了鱼出游从容的姿态，惠子只看到鱼在游，这是两种视角的差别。从形式逻辑的角度来看，似乎是庄子在诡辩，但其实不过是他在反驳惠子的强分物我、天人而已。“鱼之乐”是用“观”的方法得出的。

“观”与所“观”的对象保持着一定的心理距离，超越了利害关系，形成一种非功利的眼光。与一般的“看”不同，“观”的最大的特点就在“静”，长时间地安静地“看”。没有利害、安静地“看”，总会与一般地“看”有不同的感受。这种不同，就在于它将人与世俗的利害分离开来，让人与利害保持适当的距离。就如同一棵松树，孔子看出了“岁寒，然后知松柏之后凋也”；木材商看到的是商业价值；画家看到的是艺术之美。这些不同的态度之中，有功利的，有超功利的。“观”是一种超功利的眼光，功利的干扰暂时被清除或隐藏起来。这就是老子、庄子都说的“损”问题，即“为道日损”，清洗掉人内心杂念的干扰，消除声色欲望的污染，达到“精神专一”，达到清静的心理状态。《庄子》一书中，许多寓言故事都写“观于某处”，如《达生》中写道“孔子观于吕梁”，《天地》篇“尧观乎华”，《山木》篇“支离叔与滑介叔观于冥伯之丘”，等等。“观于某处”者，是以静观动，总是在看某一变化的情况。因此，“观”一方面是心理清静，另一方面是不受外界变化的干扰，达到一定的精神状态。

《庄子》一书的“观”，最典型的是“观化”，静观事物的“物化”，即生死变化。《大宗师》中“临尸而歌”、子祀之徒的“观”生死、《至乐》篇“庄子妻死鼓盆而歌”，都是“观化”的具体体现。这可能就是《庄子》的“无情”吧。

游离

“冷眼旁观”，观者与所观的对象之间，有着较远的距离。这种距离，表明观者游离于事物之外，处于某种事件的圈外，或者说处于边缘状态，甚或与事件没有关系。当然，完全没有关系，也就不存在“观”的问题，而只是接近于没有关系而已。但就道家而言，所观之事，许多却并不是“事不关己”，而是事事关己，只是他们将与自己有关的事，通过“观”的方法，变成“身外之事”，让自己游离于其外。庄子“自我放逐”，甚至将自己也作为“观”的对象。这是庄子的特殊之处。

道家的“游离”于事外，与道家的特殊地位是分不开的。道家源于巫史文化传统，起于隐士阶层。古代的史官记述古今成败存亡祸福之事，鉴往知来，借古喻今，预测吉凶。东汉史学家班固明确指出：“道家者流，盖出于史官，历记古今成败存亡祸福之事。”按《史记》的记载，道家创始人老子就是一位史官。道家与史官文化特殊的渊源关系，使道家与现实政治保持着一种批判的、超越的眼光和距离，游离于现实冲突之外。道家“眼极冷”与隐士这一边缘化的特殊社会地位是分不开的。因此，道家对现实的态度不同于墨家的狂热、儒家的固执，也不同于法家的冷峻。道家与儒家的礼乐文明精神是相反的，表现的是“隐君子”“不得其时则蓬累而行”的态度。道家以隐士的身份，游离于权力和战争的边缘，保持着一种冷静的眼光。

庄子是道家“游离”倾向的代表。他是典型的隐士。一般的隐士，隐于山林江湖。这是身隐。庄子则隐身于市井民间，借用《则阳》篇的话来说叫“陆沉”：“是自埋于民间，自藏于畔。其声销，其志无穷，其口虽言，其心未尝言。方且与世违，而心不屑与之俱。是陆沉也。”人何以能沉于陆地？这就是“心隐”。埋没自己的才华，隐藏自己的志向，应付世俗生活，而“生活于别处”，这就是“自我放逐”。这种游离于现实权力中心的心态和地位，全面地体现在《庄子》中。

《庄子》一书的主人公，总体上看，都是生活中的边缘化的人物，如得道者、闻道者、隐士、工匠、技艺之人等，最多包括一些远古的人君如伏羲、神农等。这些人一般都生活于世俗的中心之外，这些帝王，也都以体道者的面目出场。孔子是儒家的创始人，颜回是孔子的高徒，一方面受到批评嘲笑，一方面也是体道者，庄子有时有意让他们游离于儒家仁义之外。一草一木，飞禽走兽，有的也成为体道活动的参与者。这群寓言形象，游离于君主、朝廷之外，成为一群闲人，处于边缘化的世界。

庄子苟全性命于乱世，为什么却很少写到当时的大事件？写战争，《庄子》只以触蛮相争的寓言故事写出；写社会的险恶，只写友人惠子搜庄子于国中三日；写战国的养士之风，只以楚王欲聘庄子；写政治的黑暗，只写卫君的年轻专断；等等。这些叙写，在一定意义上说，都是一种侧面描写，从事件的某一角度来看问题，保持着较远的距离，而不受事件的影响。

《庄子》主张游于世俗之间，与世俗相处，根本上说，是一种离游的生活方式、生活态度或境界。这种境界，是游于世俗之中，而又游离于世俗之外。

二、心肠极热

庄子冷眼旁观社会人生，却透出“古道热肠”。冷眼之中透出愤激，旁观之中有着哀叹，游离之中有着痛恨；冰冷的眼光中，透出一团火热的心肠。没有一副火热的心，冷眼就变成冷漠了；愤世嫉俗就变成玩世不恭。

浊世的愤慨

南宋学者刘叔平在《庄骚同工异曲论》中说：“庄周，愤悱之雄也。”庄子是个“认真”的人，眼中揉不进一点沙子，心中与现实绝不妥协，故“遗世独立”“愤世嫉俗”，似为人所共见。

其实，“愤世嫉俗”不足以概括庄子，甚或会引起误解。孟子不同样愤世嫉俗？愤世嫉俗，一般是指有正义感的人对不合理的现实社会和习俗表示愤恨、憎恶，又无力改变现状。庄子是一个有理想、有思想的人。他对社会人生的批判不是基于个人的好恶、是非，也不是出于现实的利害，而是“以道观之”，登高望远，以悲悯之情，“冷眼看穿”世俗的荒诞，借用鲁迅的话说，“将没有价值的东西撕破给人看”，以喜剧式的嬉笑怒骂，揭示现实世界的悲剧，以“黑色幽默”，透视人世间的无奈，以自我解嘲，化解生活的卑微，以荒唐之言，叙写荒诞之事，曲尽人情事理，可谓千古奇人，也成就了千古奇文。

庄子的愤激更多的是一种深情的关切。理想的生活只是一种可能，现实则是天下大乱，让人目不忍睹：昏上乱相、伏尸百万，诸侯之门而仁义存，民不安其性命之情，何来朴素恬淡的生活？卫君逞血气之勇，专断独行，轻举妄动，百姓死者如满地的枯枝败叶，如卫君者，比比皆是。难怪《庄子》慨叹：当今之世，我们都立于神射手羿的靶心，谁能逃脱被射中的命运？难道不是“福轻于羽，祸重于地”？哪个诸侯的霸业，不是由万民的尸骨堆集而成？争城以战，流血漂橹；争地以战，伏尸百万。庄子对现实的黑暗，感同身受。

庄子所处的是一个开疆拓土的时代，变法者如李悝、商鞅、吴起辈，驱万民于“耕”“战”，尽民力于财货，悬民心于功名，“人”简化为“利”，“事”简化为“战”，“物”简化为“用”，人世间变成最大的交易市场，“上下交征于利”。真如司马迁所说：熙熙攘攘，皆为利来往。皆为利来往，人也就成了“利”的化身，社会异化现象就触目惊心了。试看人间之世，不死于名，就死于利，不死于财，就死于功，不死于为盗，就死于为贤……诸如此类，不就是“残生伤性”，人将不人，人异化为“物”，被“物”所奴役。人的价值简化为“利”，人的意义变成了“物”。在《庄子》看来，虽然说“皆为利来往”的人还活着，其实早就死了。如此没有意义的人生，如此荒诞的现实，岂不令人愤激？

然而，更让《庄子》愤慨的是，“诸侯之门而仁义存焉!”在上者用斧钺杀人，圣人以仁义礼乐杀人。用刀斧杀人，可得而见，容易引起同情；用礼乐杀人，杀人于无形，引不起同情，反而会被视为死有余辜。《庄子》愤激地说：当今之世，被砍头而死者尸体成堆，披枷戴索者相互拥挤于道路，遭受刑戮之人满眼皆是，而儒墨之徒仍然翘足奋臂、疾呼仁义于囚徒之间。这不是太过分吗？岂能不觉惭愧又不知羞耻？儒墨之辈之所为不是桀、跖之先声？入木三分的分析，岂不让人胆寒心惊？清代学者戴震说程朱理学“以理杀人”，鲁迅的《狂人日记》说中国社会“以礼吃人”，谁还能怪两千年前《庄子》没有以此理惊醒世人？与其说庄子否定人类的文明制度，不如说是否定礼乐仁义的异化现象；庄子的愤慨，无不出于对天下的“热心”。

乱世的哀痛

人君暴虐于前，圣智助威于后，天下岂能不“水深火热”？天下的苦难不只是外在的，而且是内在的。外在的苦难可得而见，内心的伤痛却不易觉察；外在的苦难会暂停于天下的分分合合，精神的病痛却深入骨髓而永无止息。《庄子》的“热心”，不只是浮泛的现实关怀，而且是人类精神生命的呵护。可以说，庄子是中国第一位生命哲学家，《庄子》是中国第一部生命哲学著作。

人有“真性”。这是庄子特别是庄子后学坚定的信念。《庄子》杂篇中，《马蹄》篇突出地强调了人的真性，特别是“民有常性”。此篇以马为喻，马的四蹄可以践踏霜雪，皮毛可以抵御风寒，吃草喝水，随意奔跑跳跃，这就是马的真性。有了伯乐，他给马烙上印记，修剪鬃毛，修削蹄子，带上络头，用缰绳把马拴住，按编次顺序送进槽头，经这一番折腾，马的真性失去了十分之二三。随后又使马经受饥渴折磨，驱赶马快速奔跑，对马作步调整齐的训练，使马前有嚼勒拘系之忧，后有马鞭抽打之惧，这样一来，马的真性失去了一大半。等到给它套上马具驾在辕前横木下，用月形饰物装饰其额部，这样一来，马就懂得斜视御者不肯前行，屈曲头颈抵抗马轭的限制，抵撞车子篷幔，吐掉口勒，脱掉缰绳，使马之智力与神态像盗贼一般诡诈，这就是伯乐的罪过。马的本性是朴实的，却被伯乐改造得像盗贼一样偷奸耍滑，失去了朴素的本性，离开了自己真实的生命。这不是很可悲的吗？

民有常性。织而衣，耕而食，这是他们天经地义的事；人与万物浑然一体而无偏私，顺应天性放任自乐，做事缓而不急，心意自得而朴实无华。但是，等到有了圣人，圣人用尽心力去推行仁，卖力去达到义，而天下产生种种猜疑迷惑；无节制的制作礼乐，搞出烦琐的礼仪条文，天下由此开始产生尊卑贵贱种种区分。大道不被废弃，哪里用得着仁义呢？自然本性不离失，哪里用得着礼乐呢？毁坏道德以推行仁义，这是圣人的罪过。在《庄子》看来，自三代以下者，天下莫不以物易其性。庄子无法容忍这种轻视和扭曲个体生命价值的异化现象，对这种“人为物役”文明发出了强烈的抗议。正如当代学者李泽厚先生所指出的，“这可能是世界思想史上最早的反异化的呼声”。

真性是人的“真宰”，真性的丧失，无异于生命的死亡。物有物的本性，民有民的真性、常性，无视民的真性、常性，不尊重人的本性，漠视人的爱好甚至存在，这不是对人生命的戕害吗？鱼在水中得生，人在水中得死；鸟在林中翱翔，人在个性得到伸展的社会中才能自由生活。按照《庄子》的思想，一个基本权利得不到保证的社会，就是对人类生命价值最大的侮辱。

《庄子》哀痛的，不只是形体的伤残，更在人真实本性的丧失，健康心理的被扭曲，民的基本生存权利的被剥夺。《庄子》的对人世间的爱，是内在的、深刻的。

依道而行

庄子的热情与其说来自对世俗价值的否定，不如说庄子依“道”而行，从对“道”的境界和秩序的追寻中获得了巨大的热情和勇气。人需要一种可靠性和确定性，也就是方向。对“道”的追寻，让庄子获得了灵感与热情，找到了精神的家园。在“道通为一”的体验中，庄子获得了生存的勇气。

“道”是万物之根、之源、之境，其具体体现也是一种秩序。“道”是自本自根的存在，独立自生的，不依赖于任何一物，而所有的物都依赖于它。思想家们心中的“道”，与其说是经过严密推理得到的一种认识，不如说是通过直觉体会得到的精神依靠。古希腊哲学以理性智慧为本色，但其关于本体的推理，却隐藏着哲学家们对宇宙人生的体验。中华文明是“早熟的儿童”，关于宇宙本根的思考，重在直觉体验；本根的探索与人的理想追求形成了直接的呼应关系。有了本根、本体，人类以至个体的生命获得前所未有的可靠性，宇宙人生的荒诞在本体、本根的照耀下，显示出了明亮的色彩。《庄子》通过“道”的探索和体会，感受到“道通为一”的宇宙境界。在这种境界中，他体会到“上与造物者游，下与外死生、无终始者为友”的快乐及“独与天地精神往来”的逍遥，故而能做到“不谴是非，以与世俗处”的随意，达到“知其不可奈何而安之若命”的洒脱。这是《庄子》之“道”的最大特点，也是庄子生命热情的根源。借用《知北游》篇的话来说：“道在屎溺。”世俗生活中，无处而不体现着“道”的光辉；“道”让世俗的荒谬不断呈现出来。《庄子》从平常的生活事件中体会“道”的意义，揭示生活中的荒谬，并以寓言的形式，“化臭腐为神奇，化神奇为臭腐”，仔细审视生活的美与丑。

“道”者，路也，也就是一种秩序。地上本没有路，布满荆棘，但走的人多了，乱草丛中就有了通往目标的途径。从“道”的体现来说，秩序也可能是达到目的的过程，是无序状态中的有序状态。一片草地，山水之间，茫茫海域，各有其“道”；“道”代表着一种事物发展变化中确定不移的趋势或方向。美国实用主义哲学家杜威有一本书，名字叫《确定性的寻求》，很好地表达了人类寻求本体、本根的需要和意义。不过，作为秩序的“道”，按照英国哲学家、经济学家哈耶克的说法，主要有两种，一种是自发式的秩序，另一种是构成式的秩序。

自发式的就是道家所主张的模式，即由事物自身内部发展而形成的秩序，而构成式的则出于人为的构建。法家、墨家，也包括儒家都赞同构成式秩序。道家特别是庄子，相信真正的宇宙秩序是自然的秩序，没有目的、意志的参与，是气的聚散而有百物生灭，一切顺任自然。有了这种自信，庄子将世间万物的是非、彼此、美丑、大小，化解于“物化”之中，从事物的变化之中揭示万物的意义，而不是执着于“成心”，为世俗的“成心”所淹没。有了这种自信，庄子以自然为价值标准，评骘世间万物、人情冷暖、生死变化、臭腐神奇，揭露圣智仁义对人性的摧残和扭曲，叹息人类生命的异化，向往理想的人生境界。这就是来自“道”的信仰力量。

当然，庄子“道”的境界与庄子的生命热情之间，不是简单的支持关系，而是相互促进的。庄子“道”的境界给予庄子生命的热情的持久性，而庄子的生命热情，为道的境界提供了不断提升的动力和丰富多彩。

三、道是无情却有情

庄子的冷眼，冷到了极点，近乎冷漠；其热心，热至愤激。二者似乎水火不容。其实，庄子的冷眼热心，有似隔岸观火，来自道的精神世界的观照，道是无情却有情。

冷热之间

初看起来，“冷”与“热”不两立，但“冷”可以是冷漠，也可以是冷静；冷漠是事不关己，而冷静是未能忘情，是“热心”的一种延缓的、曲折的折射。那么，在“冷眼”与“热心”之间，哪一面更能代表庄子及其学派的真实心态？当然，“冷眼”为外，“热心”为内，一为“迹”，一为“心”，似乎

"热心"应该代表道家的态度。但是，问题并非如此简单。

道家的"冷眼"不是冷漠，而主要是冷静。因此，道家的"冷眼"，冷中有"火"，冷中有"热"，好似热水瓶，而不是完全的冷面孔。与法家对人性的冷漠态度相比，道家的"冷眼"倒是一种"热眼"了。而道家的"热心"，与儒家的执着相比，多少有一些冷淡，而且有着一种明显的疏离感，与现实社会和政治保持着一种若即若离的距离。它没有儒家"舍我其谁"的使命感、墨家"摩顶放踵"的救世热情及法家富国强兵的进取心。在此意义上说，道家"热心"之中有"冷心"，而不是一腔热血。因此，道家的"冷眼"与"热心"之间，是一种曲折复杂的关系。

就庄子及其后学的"冷眼"与"热心"来说，一方面，他们恨得切也爱得深，从现实的社会腐败和政治黑暗直入人类文明深处的弊端，对宇宙和人类生命的存在充满了无限的深情。庄子的深情，是一种博大的爱，是贯穿于天地之间的宇宙关怀。在此意义上，他与屈原上下求索的爱是相近的，但显得更为广博。另一方面，庄子对世俗的名、利、位、势、天下不屑一顾，对现实的所谓是非、利害、有用与无用、生与死、美与丑的分别又"冷眼看穿"，揭示了世俗之见的虚伪性和相对性，在一定意义上颠覆了传统的价值观和话语霸权。因此，庄子学派的愤激，正是出自"冷眼"与"热心"之间的这种巨大的张力和强烈的反差，并在其瑰丽奇伟的文笔和汪洋恣肆的想象中得到了凸显。相比之下，庄子的这种强烈的内在冲突，比起老子和黄老道家以及杨朱等的态度，显得更为深沉和痛切。老子心中未离"爱民治国"，不忘"守中"，既主张治人，又主张修己，处于治人与修己之间。老子毕竟是史官身份，有关心社会政治的责任，他的归隐或是无奈或是失望的表现。所以，他的"冷眼"更多的是一种清醒的理性和宏观的历史哲学思考，他的“热心”更多的是一种历史的关怀。黄老道家比起庄子学派来，他们是直接的入世派，始终都在寻找道家的救世理想通向现实的道路。因此，黄老道家的“冷眼”，根本上是一种现实政治的视野，汲取了法家的功利计算眼光；黄老道家的“热心”，采借了儒家的现实关怀，并在汉初政治复兴中发挥了近于政治指导思想的作用。因此，庄子及其后学，虽没有老子的政治关怀，却有着比老子更广博的爱；虽没有黄老道家的冷静算计，却有着比黄老道家更深入的现实批判。这些不同，根本上来自庄子及其学派对“道”的体悟。

庄子的“冷眼”与“热心”之间，是一种复杂而又现实的动态关系。就《庄子》的总体来看，“冷眼”有时表现得非常充分，绝不亚于法家的冷峻，“热心”有时表现得比墨家还真切，已不是简单的“冷眼”或“热心”所能概括的，而是亦冷亦热，冷热相间，形成了《庄子》瑰玮奇异的风格。

隔岸观火

总的来看，庄子及其学派对现实社会政治的关心，是“隔岸观火”式的：看见有“火”而并不去救“火”；心中有“火”脸上却看不出火气。在此意义上说，他们自觉不自觉地离开了政治权力中心，与政治权威保持着一定的距离。他们的退隐，起初是无奈的，却越来越成了一种自觉的追求，甚至成了为统治者所赞扬肯定的行为，为许多人所追慕，以致后世有“朝隐”“终南捷径”之类道家的异化现象。他们的清高态度和不合作精神，表现出了深刻的政治疏离感，是一种精神贵族的态度，有着悲天悯人的政治社会热情，“隐居放言”，以清静无为的态度参与政治，或者说是主张“以不治治之”。换言之，他们厌恶现实政治却无意中成为一种政治力量，虽不愿与当权者合作却以其清静无为方式影响、参与了现实政治。就现代政治参与来看，过度参与必然带来政治混乱，政治冷漠又会使政治失去活力。道家的隐退以至不合作，既不是过度参与，也不是政治冷漠，而是这两种态度的奇妙结合。用唐代诗人刘禹锡的话说，叫“道似无晴（情）却有晴（情）”。这就是庄子及其学派的“冷眼热心”。

为什么说庄子及其学派的“冷眼热心”，是“隔岸观火”式的？简单地说，他们是隐士阶层，早就无意于功名而远离社会政治中心，从居处到心理，处于社会的边缘，只是未能忘情于世间冷暖而作出的独特观察。在一定意义上说，这与庄子及其学派深刻的疏离感及其特殊的命运直接相关。可以形象地说，庄子及其学派，是中国古代社会政治现实的观察家和批评家。范文澜先生将战国时期的士按流品分为三派，钱穆先生按其政治态度将战国中期的士分为五派。这五派，一是劳作派，以许行、陈仲为代表；二是不仕派，以田骈、淳于髡为代表；三是禄仕派，以公孙衍、张仪为代表；四是义仕派，以孟轲为代表；五是退隐派，以庄子为代表。不仕派、劳作派、退隐派可仕而不仕，是处士；禄仕派、义仕派“学而优则仕”，是游士。游士自觉不自觉地与统治者合作，成为“家”的维护者，是“家”内的社群。道家是典型的处士，即隐士，他们离开了“宗法”之“家”，隐居于山林和市井，过着自食其力的清静生活，“轻物重生”“全生葆真”。庄子及其学派，的确是离“家”出走的隐士社群。他们失去了往日的生活保障，前途变得很不确定，不得不对生存作出选择，但同时也赢得了自由选择的空间，使他们有了离开宗法之“家”的机会，走向新的、更广阔的天地，从原先的人身依附关系中解放出来，摆脱“仕”的义务而追求个人之“志”。经过宗法社会洗礼而又离开宗法之“家”的庄子及其学派，他们形成了新的思维方式和价值观念，不但与宗法社会有着较远的距离，而且也游离于战国兼并的现实。他们是“家”和现实的“异端”，形成了其与统治者不合作的性格。所以，庄子的社会批判如此激烈、深刻，是不足为奇的。只是到了黄老道家特别是汉代初期，经过妥协，道家理念与现实政治之间的紧张才有所缓解，距离才有所接近。这是我们理解庄子及其学派复杂的社会政治心理和态度的关键。

庄子及其学派的这种观察家立场，的确是“隔岸观火”。

无情之情

庄子的“冷眼热心”，有着更为复杂的意义。与世俗之情相比，庄子向往的是一种自然之“情”，或者说是“无情之情”。

在《德充符》篇中，庄子与惠子有一段关于人有情无情的对话，算是《庄子》的正面主张。庄子主张人没有“情”，惠子很不理解。站在世俗的角度来看，这是不可思议的。不管什么人，每天都要衣食住行，满足物质需要。满足了就高兴，没有满足就忧虑，极度贫困会让人冻饿而死，贫困总是残蚀健康心态的慢性毒药。人有七情六欲，受外界物质和内在欲望的干扰，何以能无情？《庄子》为什么会说“人而无情”呢？原来，在《庄子》看来，天气之气赋予人以形体和容貌，但是，世俗之人，只顾满足自己的欲望，以好恶为转移，伤害了人的真实本性和心灵。在此意义上说，人为外物所奴役，成为欲望的俘虏；真正的情，不是世俗所谓的情，而是“喜怒哀乐不入于胸次”，即不为外物的引诱而动，一切随顺自然而不为人的欲望所束缚的“情”。《庄子》的“吾所谓情”者，正是“不以好恶内伤其身”的、因人之性的自然之情，与礼乐政教之情势同水火。

什么是庄子的自然之情？“自然”是《老子》的重要概念，它明确认为：“道法自然。”自然是世界的基本状态，这种状态表明，万物天地的变化，其动力不是来自事物的外部，而是由内在动力支配的一种独立自主的发展状态。刘笑敢先生用“人文自然”来表示其核心意义。按照他的分析，“自然”有四重含义，“‘自己如此’强调的是事物的内在动力和发展原因，‘本来如此’‘通常如此’‘势当如此’强调的都是事物存在与延续的状态，是事物存在与发展的平稳性的问题”。换句话说，“自然”包含了道的自发性、原初性、延续性和可预见性，即动力的内在性与发展的平稳性，是内在自主性的状态，与当代生态主义的“生态”意义非常相近。“道”的自主性状态，是道家以至隐士阶层以“志”抗“义”的根据，也是道家隐居生活方式的精神支柱。在“道法自然”原则下，人类是什么地位呢？“辅万物之自然而不敢为”，即人是“万物之自然”辅助者。庄子及其学派，是《老子》自然主义的继承者和发挥者，最大限度地彰显了道家的自然主义精神。他们认为，天与人之间，“天而不人”“人不胜天”，作为辅助者，人从行为到感情，只能顺任自然，形成自然情感，或者说“无情之情”，才是道家追求的境界。不过，《庄子》的“人而无情”，只是批评流于世俗的情，而并非真的没有人之情，与木石一般。

如何才能形成“无情之情”？《庄子》认为，根本上说，就是“无心”，即无思无虑则自然。何谓“无心”，也就是去掉“成心”，做到“莫若以明”。在《庄子》看来，世道衰落，起于“去性从心”，即舍弃人的真性，而顺从人的心机。人与人以心机相来往，天下岂能安定？于是便制作礼仪，出现百家之学。世俗的礼仪破坏了人的天然素质，世俗之学淹没了人的心灵，天下之民迷乱，无法返回到恬淡的性情，回复自然的本性。换句话说，人的心灵不能处于“纯素”状态而陷于心机争斗之中，是人情不能返于自然的关键。因此，抛弃俗学，去除俗思，归于自然真性，才能“哀乐不能入”，凄然似秋，暖然似春，喜怒通四时，形成“无情之情”。

结束语：浊世的清澈智慧

《庄子》是复杂的。南宋思想家叶适说："自周之书出，世之悦而好之者有四焉：好文者资其辞，求道者意其妙，汩俗者遣其累，奸邪者济其欲。"各得《庄子》一偏，原本是读者的权力；一千个读者，就会有一千个庄子。与其说阅读是一种接受，不如说是一种创造。借用古人的话说，"诗无达诂"。更何况是《庄子》。不过，我们读到的，尽管也是《庄子》之一偏，但属于"照本宣科"那种，没有游离于《庄子》太远，最起码没有故意偏离。愚者千虑，或有一得。这一得是什么？我想，那就是《庄子》关于人生意义的思考。

庄子的一生，"冷眼热心"，思索生命的意义；《庄子》的思想，是浊世游子的故乡之思，是战国乱世中的宁静心境，是利欲横流社会中的一汪清泉。庄子游离于庙堂之外，隐身于江湖之上，混迹于市井民间，逍遥于"无何有之乡"，享受"游戏以自乐"，追求"独与天地精神往来"的自由。庄子的精神世界之美，超出了常人的想象。

庄子的理想世界是一个"真人"的自由世界。庄子体会"道"的无限，形成道的境界；借助齐物论的方法，破除是非、彼此、美丑的对待；化解悦生恶死，形成达观的态度；审视宇宙天人之美，体会人生的真谛。然而，庄子的世界"不谴是非，以与世俗处”，并没有离开“方内”，却游于“方外”，“生活在别处”，“自我放逐”，表现出前所未有的生存勇气。这就是《庄子》展示给我们的精神世界。

庄子的思想世界具有永恒的意义。当代社会是一个喧嚣的、浮躁的世界。美国思想家弗洛姆曾说：“我们在现代社会中看到的异化几乎是无孔不入的。它渗透到人和他的工作、所消费的物品、国家、同胞以及和他自己等等这些关系中。人已经创造了一个前所未有的人造物世界。人创造了一个管理着人所创造的技术机器系统的复杂社会机器。然而他的全部创造却高于他，站在他之上。他并不觉得自己是个创造者和中心，而只觉得是一个他双手创造的机器人的奴隶。他发挥出来的力量越是有力和巨大，他越是觉得自己无力成为人。他面对着体现在他所创造的东西中的和他相异化了的自己的力量，他被自己的创造物所占有，而失去了对自己的所有权。”现代社会的人，自我被异化，无聊而软弱，受制于权威，而不能找到自己，缺乏创造性和活力，缺乏基本的宁静与精神自由，缺乏成为人的力量和勇气。弗洛姆的问题，与庄子是相通的。

追寻生命的意义。现代社会，物进人退，人被分化成细小的碎片，镶嵌进庞大的人造怪物和茫茫宇宙之中，失去对广袤宇宙的感悟能力，为外物和欲望所役，终身疲惫而不见其意义。就像德国哲学家叔本华所说的，人生有时候何尝不是人类意志的盲目冲动以及由此酿成的悲剧。要超越这种悲剧人生，就要不断开拓人生境界，寻找开放的、广阔的生活空间，寻找生存的勇气。对生存勇气的寻找、生活意义的追问，《庄子》可以给人以启迪。

距离产生审美。“距离”是英国心理学家布洛提出的一个范畴。他发现，在审美活动中，人与艺术作品在心理上保持合适的距离，才能产生美的活动和效果。一幅绘画，只有用一个框子圈定起来，才能显出其艺术的意义。美国哲学家杜威说，生活就是艺术。但是，艺术并不是生活。有了审美的距离，才不至于看到齐白石画的白菜就想到炒菜，看到徐悲鸿画的马就想到赛马。庄子给予我们的，首先就是这种生活的距离感。《老子》说："天网恢恢，疏而不漏。"人是天地之网上的纽结，如何能逃于天地之间？无所逃于天地之间而又不得不逃，这是人的生存困境。庄子自我放逐，"游于无何有之乡"，"生活于别处"，与世俗世界保持着较远的距离，却不至于像佛教一样出世，形成无待、无患、无累的超脱地位，达到闲适、宁静的自由心境。这种境界，不是一切都无所谓之后的无聊，而是不断否定外在物欲的奴役、内在权威的干扰之后的一种精神境界。庄子的生存勇气，来自其生活之"道"。保持生活的距离，就是庄子的生活之"道"。陶渊明诗云："结庐在人境，而无车马喧；问君何能尔，心远地自偏。"陶渊明实得庄子之"道"的妙处。庄子之"道"，岂能与现代人无关？

游戏产生美。这是德国美学家席勒的名言。的确，游戏不但是人类的活动，也是动物的本能。不过，动物的游戏产生于饱食安闲、精力剩余之时，人类的游戏往往既在严肃又在活泼之际。世俗的常识总是认为，游戏是不严肃的。但游戏之时，人其实是最严肃的，属于"假作真时假亦真"，将虚拟的环境当成真实的场景，与世俗的利害隔离开来，进入一种创造性的状态，表现出了一种全神贯注的、前所未有的生存勇气和活力。人类的礼仪活动、体育活动，甚至战争、商业、管理活动，说开了不也是一种游戏活动？游戏是最有规则的，却显得最为轻松；人的劳动时间在游戏中变成了自由时间，自由时间也获得了劳动的意义。人有多种角色，但现实的角色不断地侵吞着理想的角色，使人逐渐地变成了名利场上的牺牲品。游戏让人从名利场上走向逍遥。逍遥游的态度，主张无功、无名、无己，不为外物所役，和人世间保持较远的心理距离，游离于权力中心之外，游心于边缘化的“广漠之野”，无意于是非彼此之争，追求“自本自根”的道的境界，形成超脱的生存状态。庄子的游戏人生，谁能说是不认真？庄子的认真态度，难道不能让现代人反省自己？

保持一颗平常心。逍遥游境界其实就是一颗平常心。正如《三国演义》开篇引用杨慎的词所说，“是非成败转头空，青山依旧在，几度夕阳红”。庄子以一颗“平常心”，粪土当年万户侯，“非圣无法”，笑谈世间人情冷暖，戏谑人间是非曲直，体味宇宙万象的荒诞，品味生死的孤独无奈，享受逍遥游的安闲、恬淡。与屈原《离骚》的炽热之情相比，似乎《庄子》的热情不及，恬淡有余。但这是屈原所没有的一种境界，是不以物喜，不以己悲，喜怒哀乐不入于胸次的精神独立，是一种齐万物、一死生的超越和不为外物所役的自由，是淡泊以明志，宁静以致远的平常心。庄子不是避世，也不混世，而是游世；以无用游世，化臭腐为神奇，寄至味于平淡，方显平常心之妙。淡而有味，是人生难得的从容。与圣人相比，《庄子》的至人更为平常。它无功无名，甚至无己，没有那么多的俗世牵挂，生活起来，自然会优游自在，闲放不拘，“行到水穷处，坐看云起时”，“手挥五弦，目送归鸿”，得平淡之乐。保持一颗平常心，是现代人求之不得的。

回归自然才是真。自然不只是我们的有形家园，更是我们的精神家园。庄子追求的游世主义生存，本质上是天然的，与人为的生存状态有根本的区别。庄子的“自然”，与其说是物理的事实，不如说是人类的一种存在之境。回归自然，是人类最响亮的口号。庄子的“返本复初”理想，无疑是人类回归自然的先声。庄子的“游子故乡之思”，追求的正是向自然的回归。“天下熙熙，皆为利来，天下攘攘，皆为利往。”软弱而无助的人类心灵，辞受取舍，吾将奈何？“莫听穿林打叶声，何妨吟啸且徐行”，当有庄子的潇洒风流；“采菊东篱下，悠然见南山”，有庄子的恬淡之乐。身处蜗居之中，呼唤复归自然，是当代人的心声。休闲是一种回归自然的方式，旅游度假成为现代生活的时尚，但休闲也只是一种途径。回归自然其实是一种生态主义的生存方式，它呼唤的是人类的“绿色文明”。《庄子》的准生态主义，难道不比生态主义深刻？

有境界自成高格。“冷眼”看穿世间百态，“热心”关注心灵宁静，仔细体会“无情之情”，潜心聆听“大音希声”，尽情欣赏“大象无形”，沉浸于道的境界，化解世间贵贱、穷达、贫富、美丑、是非、荣辱、多少、高低、生死、长短的压力，于平淡中显神奇，或者如近代学者王国维所说：有境界自成高格。几千年来，多少人倾心、迷恋于《庄子》，为它忘情，为它惊醒，为它流连忘返。现代社会所需要的，也是这种“高格”。

道可得而游。道无所不在，物无不可游。距离产生逍遥，自然赋予灵感。紧张之余，尚须轻松冲淡，在大自然中回复本真，于平凡中见至情真性。看场球赛，下盘象棋，观赏金鱼，打理花木，栽植小树，一声问候，信步而游，无不寄托着“逍遥”。

放下背包，闲坐在校园的草坪上，海鸥在头顶盘旋，乌鹊在身旁喧闹，嬉戏脚下的小松鼠，感受海风的清新，享受阳光的和煦，抬头云卷云舒，俯视潮起潮落，品味《庄子》的境界，谛听宇宙的声音，也就有了诗意。

这是一本“被”“通俗”的书。什么是雅？什么是俗？每天点钱就俗吗？手不离书就雅吗？雅、俗在外表还是在其里？《三国演义》是俗文学，却成为雅品，唐诗宋词雅致至极却成为大众读物。我也分不清雅与俗了。

本想写成故事书，但临到动笔，却发现对不起庄子。虽非什么“知音”，但总该如实去写，有些读者，还是想认真地读书，汲取庄子的智慧，欣赏庄子思想之美。目前，写古代思想的通俗读物甚多，许多名噪一时。与这些读物比高低吗？我没有这能力和雅兴。欲求自立门户吗？这会贻笑大方。我不敢望其项背，只求以审美的心，写点欣赏庄子的体会，希望多少离庄子的审美心境近些，发现庄子的审美智慧，品味庄子的深邃感情，让今人读后能有所感悟，则吾愿足矣。无奈庄子太深刻，《庄子》太复杂，其思想是一首诗，其文章是一种思想。何处是庄子的思想？何处是庄子的文章？二者有分别吗？还是真没有分别？庄子的思想与文章，如此浑然天成，实为千古绝唱。我一凡夫俗子，见《庄子》而喜，“好读书，不求甚解，每有会意，便欣然忘言”，囿于世俗“成心”，何足以知之？不知而言，岂不为欺？那就说些世俗“成心”之言吧！也许“成心”中总有些“忆则屡中”的话，那就算侥幸了。

这是一个纷扰的年代。经济全球化、政治多极化、文化多元化、信息网络化、环境生态化……这张大网，似乎能化尽一切。化则化矣，但人类却显得异常渺小而无奈，自我生活于荒诞之中，世界显得陌生而让人揪心。杞人忧天吗？也许吧。但忧却是真实的。何人不忧呢？曾几何时，洋人的灿烂世界令多少人倾倒，但我游历于这喧嚣世界中，发觉不也是忧者更甚吗？危机未来时忧，危机来了亦忧，忧而无已。何处无危机？何处无烦忧？何时能不以物喜，不以己悲？“日暮乡关何处是，烟波江上使人愁。”这种“游子”的“故乡”之思，我们没有吗？庄子当年不是与我们一样忧愁吗？生活于浊世，以寓言谈说，启世人智慧，不是想激浊扬清吗？浊者不能自浊，清者可以更清，不正是需要庄子那如山泉般清凉的智慧吗？

事有凑巧。我写这本书时，游学于美国，一股游子思乡之情不期而至。不知是游子庄子感染了我，还是我感染了笔下的庄子？

海内外写庄子者，汗牛充栋。我无所创新，勉强借鉴。先贤如郭象、向秀、支遁、成玄英、林希逸、胡文英、王先谦、郭庆藩、胡远濬、刘文典、王叔岷、钟泰等对《庄子》的注解，我只能循规蹈矩，尽量采用；研究庄子的名家，我汲取最多者，有闻一多、刘笑敢、崔大华、陈鼓应、张默生、张恒寿、王博、陆勇品、方勇、颜世安、陈静诸先生；参考诸多名家如冯友兰、钱穆、李泽厚、劳思光、韦政通等，还有海外英文著作者，以及名不见经传而被我临时取用其译文者，无法一一致谢。我的旧作，虽有取用，但也力求推陈出新。行文之中，尽可能点出名姓和来历。但这只是一本小书，且被告知不得有标注说明，就难免有所疏漏。如此说明，真是汗颜，也就慰情聊胜于无了。

附　录

年　谱

公元前 369 年（周烈王七年　魏惠王一年　宋桓侯十二年）　庄子约生于此时。

公元前 341 年（周显王二十八年　魏惠王二十九年）　庄子至魏，往见惠施。

公元前 339 年（周显王三十年　楚威王一年）　相传楚威王欲聘庄子为相。

公元前 334 年（周显王三十五年　魏惠王后元一年）　庄子见魏惠王。

公元前 328 年（周显王四十一年　齐威王二十九年　宋君偃后元一年）　庄子讥讽“见宋王者”。

公元前 325 年（周显王四十四年　宋君偃后元四年　秦惠文王十三年）　庄子讥宋人曹商“舐痔”。

公元前 322 年（周显王四十七年　齐威王三十五年　魏惠王后元十三年）　庄子、惠施于濠梁辩“鱼之乐”。

公元前 312 年（周赧王三年　齐宣王八年　楚怀王十七年）　庄子妻死，惠施吊之。

公元前 286 年（周赧王二十九年　宋君偃后元四十三年　齐湣王十五年）　庄子约卒于此时。

注：此年表采自梁涛《庄子行年考》。

参考书目

1. 林希逸、周启成校注：《庄子鬳斋口义校注》，中华书局，1997 年。

2. 郭庆藩辑，王孝鱼整理：《庄子集释》，中华书局，1961年。

3. 王先谦：《庄子集解》，中华书局，1980年。

4. 钟泰：《庄子发微》，上海古籍出版社，1988年。

5. 刘文典：《庄子补正》，云南人民出版社，1980年。

6. 张默生原著，张翰勋校补：《庄子新释》，齐鲁书社，1993年。

7. 王叔岷：《庄子校诠》，中华书局，2007年。

8. 胡远濬：《庄子诠诂》，中国书店，1988年。

9. 陈鼓应注译：《庄子今注今译》（最新修订版），中华书局，2007年。

10. 陆永品：《庄子通释》（修订版），中国社会科学出版社，2006年。

11. 方勇、陆永品：《庄子诠评》，巴蜀书社，1998年。

12. 张恒寿：《庄子新探》，湖北人民出版社，1983年。

13. 崔大华：《庄学研究》，人民出版社，1992年。

14. 刘笑敢：《庄子哲学及演变》，中国社会科学出版社，1988年。

15. 丁原明：《黄老学论纲》，山东大学出版社，1997年。

16. 颜世安：《庄子评传》，南京大学出版社，2011年。

17. 陈鼓应：《庄子浅说》，生活·读书·新知三联书店，1998年。

18. 商原李刚：《道治与自由》，社会科学文献出版社，2005年。

19. 闻一多：《庄子编》，载《闻一多全集》（第九卷），湖北人民出版社，1993年。

20. 陈静：《吾丧我——〈庄子·齐物论〉解读》，《哲学研究》2001年第5期。

21. 商原李刚：《道家的态度："冷眼热心"》，《哲学研究》2008年第8期。

22. 商原李刚：《道、法人性论之维的现代审视》，《哲学研究》2006年第8期。

23. 商原李刚：《离"家"出走的道家政治哲学》，《人文杂志》2005年第2期。